이상대의 4050 학급살림 이야기

지혜로운 교사

이상대의
4050
학급살림
이야기

ⓒ 이상대, 2009
2009년 3월 25일 처음 펴냄
2018년 4월 10일 6쇄 펴냄

지 은 이 이상대
펴 낸 곳 우리교육
펴 낸 이 신명철
등   록 제313-2001-52호
주   소 03993 서울시 마포구 월드컵북로 6길 46
전   화 02-3142-6770
전   송 02-3142-6772
홈페이지 www.uriedu.co.kr

ISBN 978-89-8040-654-8 13370

이 도서의 국립중앙도서관 출판시도서목록(CIP)은
e-CIP 홈페이지(http://www.nl.go.kr/cip.php)에서 이용하실 수 있습니다.
(CIP제어번호:CIP2009000934)

지혜로운 교사

이상대의
4050
학급살림
이야기

이상대 지음

우리교육

시리즈를 펴내며

여전히 많은 문제들을 안고 있지만, 우리 교육계는 제도와 내용이라는 두 측면에서 한 걸음씩 나아가고 있습니다. 현장 교사들의 꾸준한 연구와 실천을 통해 수많은 교육 자료들이 쌓이고 있습니다.

그럼에도 우리 교육출판계를 보면, 그 흔적을 찾기 힘듭니다. 직접 아이들과 함께 한 교육활동의 결과들을, 말 그대로 살아 있는 교사의 언어로 담아낸 책들이 빈약합니다. 교사들의 실천을 정리해내는 동시에 다른 교사들의 성장을 도모할 수 있는 그 무엇이 필요하다고 봅니다.

교사는 끊임없이 배우고 성장하며 나누는 존재입니다. 아무리 세상이 경쟁으로 치닫고 자본에 눈먼다 해도 교육에서만은 포기할 수 없는 중심 가치가 있습니다. 바로 '배움'과 '나눔'입니다. 스스로 서고 더불어 잘 살기 위한 배움과 나눔이 아니라면 교육의 진정성은 사라질지도 모릅니다.

우리교육은 '모두를 위한 교육'을 지향하며, 이제껏 개인 차원에서만 다루어진 교사들의 교육 실천 경험들을 〈지혜로운 교사〉 시리즈로 모아내고자 합니다. 그 결과물을 다른 교사들과 나누는 과정에서 함께 성장해가는 책으로 만들고자 합니다. 이 각박한 세상에서 묵묵히 아이들과 함께 교사들이 일구고 있는 미래를 이 속에 고스란히 담고 싶습니다.

2009년 3월 우리교육

강둑을 지키는 나무처럼

2008년 3월부터 중등 《우리교육》에 연재한 '4050 학급살림 이야기'를 책으로 묶게 되었습니다.

월간지 특성상 한 달을 앞질러 써야 했던 만큼, 원고에 썼던 내용이 실제로는 행해지지 않거나, 계획에 없던 일이 벌어지는 경우가 많았습니다. 한 권으로 묶는 작업을 하면서 그런 것을 덜고 보태며, 필요하면 지난 기억도 살려 끼워 넣었습니다. 결국 1년 형식 안에 몇 년에 걸친 이야기를 추슬러 담은 셈입니다.

저는 아이들이 —선생님은 우리를 돕고 싶어 하고, 우리의 성장에 관심이 있으며, 우리가 저지른 실수에 슬퍼하고 성과에 대해서는 기뻐하며, 부족함에 대해서는 진실로 연민을 가지고, 우리를 위해서 누군가와 싸울 수도 있다 — 고 믿기를 소망합니다. 어디로 가는지도 모른 채 거대한 물살에 휩쓸리는 작금의 아이들에게 그래도 교사가 그중 가까이 있기 때문입니다. 시절은 오죽이나 수상합니까. 그런 점에서 교사는 강둑의 나무를 참 많이 닮아 있습니다. 아이들이 먼 바다를 지향하여 어기여차 강물처럼 흐를 수 있도록 단단하게 둑을 움켜쥐고 있는 큰 나무 말입니다. 나무의 뿌리가 깊을수록 강둑도 튼튼하겠지요. 제가 늘 고민한 것도 실은 '내 뿌리는 얼마나 깊고 큰가'에 대한 문제였습니다. 뿌리가 깊어야 이파리도 무성하거늘, 아직은 어림없습니다. 더 살피고 성찰하여 깨우쳐야 할 것이 태산 같습니다. 교사인 한 공부는 숙명이라 믿습니다.

고백컨대 연재를 하는 동안 많이 부끄러웠습니다.

별것도 아닌, 남들도 다 품고 있는 사랑과 변변찮은 실천을 두고 뭔가 대단한 양 행세하는 것 같아 몇 번을 썼다 지웠다 했는지 모릅니다. 우리 주변에는 말없이 뚜벅뚜벅 제 길을 가는 교사가 얼마나 많습니까. 고뇌에 찬 담론을 생산하는 이들 또한 얼마나 많으며, 더 나은 교육방편과 대안을 찾는 집단적 모색은 또 얼마나 치열합니까. 그런 곁에서 부박하기 짝이 없는 교육적 자질을 고스란히 드러낸다는 것은 참으로 민망한 노릇이기도 했습니다. 그럼에도 누군가에게 손톱만한 위로가 될 수 있다면, 혹 타산지석이 될 수 있다면, 하는 마음으로 1년을 초록抄錄했습니다. 부족한 공부를 충고해 주신다면야 백번 감사할 일입니다. 그러나 더 간절히 바라는 것은, 굳건하게 교실을 지키고 있는 교육 동지들의 실천과 상상이 봇물처럼 넘쳐나는 것입니다. 이 책이 모자란 대로 그런 기록의 마중물이 되었으면 정말 좋겠습니다.

2009년 3월 이상대

三月

3월은 은근히 두렵다

누구나 두려운 것은 다른 게 아니라, 내 이런 한계치를 넘어서, 좀 더 정직하게 말하면 아이들의 마음에 들지 않는 부분조차 일견 수용하는 척 애를 쓰다가 지쳐 떨어질까 두려운 것이다. 그렇다가 기어코는 학교나 당국보다 아이들이 노여워지지는 않을까 두려운 것이다. 이제 1년의 시작이다. 깨지고 실패하고 속상한 일이 불일 듯하겠지만, 성장점이란 것이 본디 격렬하지 않은가. 고통스럽더라도 아이들 속으로 들어가 보는 것이다.

3
월

경력 20년차를 넘어선 50대 평교사 — 학교 서열상 중고참쯤 된다.
중고참이 대수랴, 아이들은 머리 허연 '노땅'을 선뜻 반겨하지 않는다.
무엇보다 저희들처럼 젊고 파닥이지 않는 것이다. 답답하고 권위적일 거
야, 아예 한 수 접고 대할 때도 있다. 대신 경계하거나 눈에 힘을 주고 맞
서지는 않으니, 구박을 해도 크게 노여움을 타지 않으며, 이놈 저놈 손을
잡고 복도를 활보해도 거리낄 것이 없다. 이거 하나는 위안 삼을 만하다.
학교에서 나는 아이들 '밥'이다. 어수룩해서 슬쩍 속여 넘기기 좋고, 팥
죽처럼 무르니 떼쓰고 졸라서 저희 마음대로 조정할 수 있다. 더욱이 권
위를 내세우지도 않는다. 녀석들로선 살판났다고 아우성이겠으나 사실
나는 속 터질 때가 많다. 그럼에도 아직 견딜 만하니 담임을 떠맡는다.
학급운영은 무슨 운영이겠는가. 대강의 학급 얼개를 그리기는 하나, 치

밀하게 전략을 세우지 않으니, 그저 이 개울 저 개울 만나 물을 이루어 섞이고 부딪치며 쫄쫄, 쫠쫠, 콸콸, 그렇게 흐르듯, 아이들과 지지고 볶는 이야기를 할 수 있을 뿐이다. 부담 없이 그런 이야기를 동료들과 차 한 잔 하듯 그렇게 나누고 싶다.

3월이 살짝 두려운 것은

올해 학교를 옮겼다.

자리를 빼느라 책상과 서랍을 정리하는데 꼬박 하루가 걸렸다.(학교를 옮기지 않을 때도 2월이면 늘 이런 식으로 한 번씩 뒤집어엎곤 했다.) 쌓아놓은 짐이 산더미 같으니 지나가던 교장조차 혀를 찼다. 봉고차 한 대 불러야겠구먼. 이런저런 책자와 자료 속에 폐기해도 상관없을 철 지난 고민 상담 편지나 쓰기 원고, 작당하여 집단 지각을 해 놓고는 저희들끼리 써 온 반성문, 채 전해 주지 못한 아이들 연애 편지까지도 한 자리를 차지하고 있다. 왜 못 버리는가. 성품 탓이기도 하겠으나 한편으로는 그 쓸모 있음에 대하여 고민을 하는 것이다. 해가 지나 찾아오는 아이들에게 뭔가 소용이 있지 않을까. "세상에, 제가 이런 때도 있었어요?" 하는 식의 아련한 위로와 향수 같은 것. 사는 것은 얼마나 고달픈 일인가. 그런 고달픈 상처에 이런 옛 자취가 연고처럼 쓰일 수 있다면, 이런 미련을 가져 보는 것이다. 청승맞기 짝이 없으나, 그럼에도 이 늙은 담임은, 쌈박하게 시비를 가리고 즉각 판단하여 가르치는 그런 명민함의 부족을 이렇게라도 벌충해야 마음이 편한 것이다. 생긴 대로 살 수밖에 없다. 책상 유리 밑에 끼워 놓은 '말씀'을 빼내는 것으로 긴 정리 작업을 마감했다.

슬기로운 교사가 가르칠 때 학생들은 그가 있는 줄을 잘 모른다. 다음가는 교사는 학생들에게 사랑받는 교사다. 그 다음가는 교사는 학생들이 무서워하는 교사다. 가장 덜 된 교사는 학생들이 미워하는 교사다. 교사가 학생들을 믿지 않으면 학생들도 그를 믿지 않는다. 배움의 싹이 틀 때 그것을 거들어 주는 교사는 학생들로 하여금 그들이 진작부터 알던 바를 스스로 찾아낼 수 있도록 돕는다.
교사가 일을 다 마쳤을 때 학생들은 말한다.
"야, 대단하다! 우리가 해냈어."*

옮긴 학교는 교육열 1순위 서울 목동 복판에 있다.
나는 사실 살짝 두렵다. 담임으로서 야무지지 못한 탓이다. 일사불란하게 한 명 열외 없이 다스리고 호령하여 끌고 가는(아, 얼마나 경이로운가) 단호함도 없거니와, 제 새끼들이 다칠세라 깨질세라 모두 등에 업고 가는 물자라의 헌신성 역시 턱없이 모자라다. 다만, 품을 넉넉하게 넓혀 덜 단속하고 덜 규제하며 살필 뿐이다. 지각대장이 담 넘다가 잡혀 오면 그렇게 해서라도 학교 올 생각을 했으니 대견하다고 등 두드려 올려 보내고, 화가 나서 날뛰는 놈이 있으면 데려다 가라앉기를 애써 기다리는 식

* 《배움의 도》 파멜라 메츠 지음, 이현주 옮김, 민들레, 2003

이니 학급의 기강이 잡힐 리 없다.

— 두려운 것은 다른 게 아니라, 내 이런 한계치를 넘어서, 좀 더 정직하게 말하면 아이들의 마음에 들지 않는 부분조차 일견 수용하는 척 애를 쓰다가 지쳐 떨어질까 두려운 것이다. 그렇다가 기어코는 학교나 당국보다 아이들이 노여워지지는 않을까 두려운 것이다.

내가 이 학교를 왔다니까 누군가 그랬다. 이제 본격적으로 시험에 빠질 거라고. (53개 학급에 학급당 학생 수도 50명에 육박하며, 아이들도 영악하기 짝이 없어 선생 속을 뒤집어 놓기 일쑤라는 소문을 진작부터 들어왔다.) 그동안은 외곽 지역의 착한 영혼들과 그럭저럭 교감할 수 있었겠지만, 이제 그곳의 '싸가지' 들이 당신을 가만두지 않을 거라는 것이다. 그에 따르면 싸가지 유형에는 두 가지가 있단다. 하나는 뭣도 모르는 채로 무조건 개기는 막무가내형 싸가지요, 또 하나는 '법적인 하자 없이' 제 잇속만 쏙쏙 빼먹는 똑똑한 싸가지인데, 아무래도 이 학교는 후자 쪽이 넘쳐 난다는 것이다.

"잘 해 보쇼."

설령 그렇다 해도 아이들이 두려울 것은 없다. 아이들은 아이들일 뿐이다. 문제는 기꺼이 감당할 수 있는 마음의 문제인 것이다. 싸가지로만 따지면 아이들만의 죄이겠는가. 혐의가 있다면 오히려 내 새끼 하나 폼 나게 건져야 한다는 학부모의 탐욕 쪽에 있고, 한 발 더 나가면 배후에 거대한 자본 권력이 있다. 어찌되었든 지치지 않도록 수위를 잘 조절해야 한다.

교사가 되는 순간 세 가지 싸움이 예정돼 있다. 성장을 위해 부딪쳐야 하는 아이들과의 싸움이 그 첫 번째요, 교사로서 자기와의 싸움이 그 두 번째요, 아이들을 둘러싼 외곽과의 싸움이 그 세 번째다. 이 셋은 별개의 싸움이 아니라 늘 유기적인데 아무래도 올해는 특히 스스로와의 싸움이 관건일 듯싶다.

아이들은 내 것이 아니다

2학년 담임반 명단을 받아들고 보니, 강아무개 김아무개……. 고놈들 이름 하나는 곱다. 그러나 이 아이들이 영악스럽든 어쨌든 바짝 군기를 잡아 어떠한 반을 만들겠다는 욕심을 앞세울 생각은 추호도 없다.

아이들은 '내 것'이 아니다. 아이들이 있어 담임이 있다. 솔직히 따져 보면 담임인 내 말을 잘 들어야 한다는 엄포는 그저 나 편하자고 하는 협박일 뿐이다. 저희들끼리 소통하며 사회성을 키우고, 각 교과 담임과 콩이야 팥이야 따지고 헤아려 가며 속머리를 채우는 일의 즐거움을 맛볼 수 있도록 뒤에서 돕는 게 우선이다. 친구 문제에 시달리고, 교과 담임에게 내내 "왜 그 모양이냐"고 질책을 받는대서야 아이들은 결코 행복할 수 없다. 본격적으로 세상에 놓이기도 전에 상처를 먼저 알고, 미움과 좌절, 권력의 서열에 익숙하게 할 수는 없는 일이다. 모름지기 담임이란 그러한 '관계 개선과 소통을 돕는 교사'여야 한다고 믿는다.

아이들은 각기 얼마나 다른가. 며칠 전 중 2때 담임을 했던 '고삐리'들이 술을 사 달라고 찾아왔다. 사내놈 하나 여자애 둘. 부모님께 허락까지 받아왔다 하니 각자 기분 좋을 만큼만 마시기로 했다. 시간이 지나면서 쏟아지는 사연이 예상을 넘어섰다. 사내 녀석은 엄마가 없는 돈에 유럽 여행까

 이상대의 4050 학급살림 이야기

지 보내준 터에 이제는 공부할 일만 남았는데 도서실에 앉았으되, 공부는 뜻대로 되지 아니하고 놀 생각만 간절하니 이런 스스로가 어찌 될지 자신이 없다 한숨을 늘어놓는다. 또 한 녀석은 난데없이 등장한 아빠의 숨겨 놓은 아들 때문에 혼란스럽고, 그림 공부를 하는 녀석은 그 옆에서 자꾸 운다. 인터넷으로 만나 3년째 사귀고 있는 열 살 연상의 사업가 오빠, 사람이 너무 좋아 보여서 결혼할 작정으로 여관까지도 따라갔는데, 그 오빠는 이제 집안의 결사반대에 부닥쳐 다른 곳에 선을 보러 다닌다고, 이제 그를 떠나 보내야 할 것 같다고 울음을 터뜨린다. 겉으로 보기야 단정하고 깍듯한 범생이들이나 속으로는 이렇게 제각각 다른 고통으로 깨지고 있는 것이다. 이런 아이들을 하나씩 헤아리지 못한 채, 학급의 이름으로, 단합의 이름으로 우격다짐 트집 잡고 강요했던 날들이 얼마나 많았는가.

쪽지통신으로 소통의 길을 열다

이제 3월이 시작되었다. 할 수 있는 만큼 준비를 서둘러야 한다.

3월 초에는 경력 이런 것이 별 소용이 없다. 담임을 1년만 걸러도 완전 초보가 되어 새로 시작해야 한다. 출석부 정비하고, 걷어 내라는 것 때맞춰 내고, 임원진 뽑고, 곧이어 환경미화를 하는 일정에 코를 묻고 지내다 보면 어느덧 3월 말. 화단에 목련이 벙글어진다. 나이가 들면 컴퓨터도 서툴고 일처리까지 빠릿빠릿하지 못해 아이들을 들여다볼 여유도 없다. 담임이 헤매면 아이들까지 덩달아 갈피를 잡지 못한다. 이런 때는 '쪽지통신'(3월 자료 1, 2)이 아주 요긴하다.

재작년부터 만들어 쓰기 시작했는데, 무엇보다 학기 초의 번잡한 일을 아이들과 차분하게 공유할 수 있다는 장점이 있다. 무엇을 걷고 준비하고, 청소당번 정하고 학급 임원 뽑는 등의 일정을 담아 전하는 데도 맞춤하다. 중요한 것은 별도로 강조하더라도 쪽지통신을 활용하면 조, 종례 시간이 굳이 길 필요가 없다. 따로 시간을 투자해야 하는 부담이 있지만, 해야 할 일도 가지런히 정리가 되고, 놓치기 쉬운 격려도 제때에 챙길 수 있다. 어쨌거나 담임으로서 하고 싶은 말, 혹은 듣고 싶은 말을 그때그때 소통하는 데는 아주 유효하다.

쪽지통신은 할 일이 많은 3월 초에는 수시로 발행하다가(쪽지통신을 받아 읽는 아이들은 뭔가 우리 반은 특별하다, 라는 느낌을 받는 듯하다. 쪽지통신이 뜸하다 싶으면 바로 묻는다. "요샌 왜 안 나와요?") 어느 정도 골격이 잡히면 주 1회 정도로 속도를 늦추어 정례화하면 된다. 아예 아이들이 스스로 만들어 나눌 수 있도록 길을 잡으면 더욱 좋을 터, 관건은 지속성이다.

일상활동의 틀을 제대로 앉혀야

아무리 바쁘다 해도 3월에 특히 관심을 기울여야 하는 것은 연간 지속되는 청소나 일기 같은 일상활동의 틀을 제대로 앉히는 일이다.

청소, 나는 요놈을 아주 중요한 노동활동으로 간주한다. 청소 잘 하는 인간 치고 인간성 나쁜 놈 못 봤다고 수시로 강조하되, 나도 같이 청소한다. 그저 청소를 감시하는데 그치거나 교무실에 내려와 일 보면서 끝난 뒤에 검사 받으러 오라는 식이어서는 청소의 소중함을 왜곡시킬 뿐이다. 청소를 같이 하다 보면 어떤 놈이 어떤 놈인지 확 눈에 들어온다. 청소하면서 같이 수다도 떨고, 끝나면 과자라도 사다 먹으면서 같이 '논다'. 어쨌거나 아이들과 같이 땀을 뻘뻘 흘리며 청소를 하고 나면 기분도 좋아진다. 1년 내내 같이 하는 것이 내 철칙이다. 가끔 청소당번을 먼저 보내고 교실에 남아 분필로 칠판 편지를 쓸 때도 있다.

똥포들! 부지런한 청소당번 덕분에 교실이 반짝반짝! 좋은 아침을 맞게 되었다. 오는 대로 옆 친구를 한 번씩 안아주고 하루를 시작하자. 프리 허그, 안으면 없던 정도 생긴다.

아, 일기 쓰기도 3월에 시작해야 약발이 받는다. 왜 쓰는가. 서로를 이해할 수 있는 통로로 학급일기만한 것이 없다. 모둠이 있으면 모둠일기를 쓰고, 모둠이 없으면 홀짝일기라도 쓴다. 작년엔 모둠을 운용하지 않아서 홀짝일기(홀수 번호는 홀수 번호끼리 짝수 번호는 짝수 번호끼리 돌려쓴다.)를 썼는데 녀석들이 이것을 참 애지중지 아꼈다. 올해도 일단 홀짝일기를 둘째 주부터 돌렸다. 모둠 짜는 일은 아이들과 상의해 봐야겠지만 방과 후 시간을 내지 못하는 특성상 아무래도 모둠은 어려울 듯싶으니 우선 홀짝일기로 시작을 해 보는 것이다. 어떤 일기가 되더라도 스타트가 중요하다. 일기 1면에 쓰는 순서를 비롯해 여러 주의사항(3월 자료 3)을 담아 붙여 놓는다. 그렇더라도 앞엣놈이 세 줄만 쓰면 뒤의 아이들도 다 그 모양으로 쓰기 때문에 시작 전에 1, 2번을 따로 불러 각별하게 당부를 해야 한다.

학부모를 동지 삼아

3월 하순이면 어느 학교나 학부모 총회 건으로 부산하다.

학부모를 모신다고 안내문 돌리고, 청소하고 환경미화 마무리하고, 교실 개방하고……. 일견 보여 주기에 치우치는 듯싶어 슬며시 짜증이 일긴 하지만, 학부모를 만나는 것 자체는 소중한 일임에 틀림없다. 아이들이 나의 적이 아니듯 학부모 또한 그렇다. 오히려 학부모는 아이들을 돕는 어른이라는 점에서 동지에 가깝다. 아무 준비 없이 학교서 하라는 대로 마지못해 따르다가는 막상 당일에 허둥대기 일쑤다. 기왕 만날 바에야 실속 있게 준비해서 가볍고 경쾌하게 만나는 것이 피차 얻는 게 많다.

학교에서 보내는 공식적인 가정통신문에 보태서 인사 겸 따로 담임 편지(학부모통신) 한 장 보내는 것, 크게 품이 들지 않는다.

올해는 아예 첫 주에 담임 소개 겸 별도의 학부모통신을 아이들 편에 보냈다(3월 자료 4). 편지 보내는 김에 '우리 아이에 대해 알려 드립니다' 라는 회신서도 동봉했다. 아이들에 관한 1차 정보는 아무래도 학부모 편을 통해서 얻는 것이 구체적이다. 특히 3월 초에는 학비 감면이나 무료급식 대상자를 파악해야 하는데 아이들은 쉽게 이런 내색을 하지 않는다. 사흘 만에 다 걷힌 회신서를 꼼꼼하게 읽어 보니 그 중 두어 녀석은 집안 환경이 심각하다. 정이 같은 경우는 아버지가 일자리를 잃고 가출해서

2년째 어머니 혼자 식당 아르바이트로 4남매를 거두고 있다. 여러 감면 혜택 뿐 아니라 학습활동이 가능하도록 지원을 해야 할 아이다.

—사전에 이렇게 아이들의 대략적인 상황을 파악하니, 학부모 총회 당일 회의가 친근하고 편하게 진행된다. 사실 학부모는 적극적으로 끌어안아야 할 우군이다. 학급당 학생 수를 줄이라는 요구도, 교사 수업시수를 줄여 공교육 내용이 충실해질 수 있도록 하라는 요구도 학부모 쪽에서 주도해야 힘을 받는다. 우군과의 연합이라는 점에서 학부모통신은 각별한 의미를 갖는다. 언젠가 충남의 어느 농고 선생님이 아이들 학교생활 이야기를 담아 보내는 가정통신문을 읽고 가슴이 뭉클했던 적이 있다. 그 후로는 나도 이것만큼은 꼭 하려고 애를 쓴다. 매달 하는 것이 부담스러우면 격월, 그것도 힘들면 분기별로라도 쓴다. 학부모통신이 어떤 위력을 지니고 있는지는 써 보면 안다. 그러나 너무 폼 나게 쓰려고 하면 어깨에 힘이 들어가서 오히려 도중에 포기하게 된다. 쉽게 하자.

동전이 필요하다

청소가 되었든, 그 무엇이 되었든 이러저런 일상활동을 잘 도우려면 '동전'이 꼭 필요하다. 우리는 훌륭한 교육이란 어떤 것인지 개념적으로 잘 알고 있다. 교육철학이나 교육적 지향도 뚜렷하다. 그러나 그런 이론은 큰 액수의 수표 같아서, 그것만 가지고서는 전화도 걸 수 없고 커피도 한 잔 뽑아 마실 수 없다. 수표를 헐어서 만든 동전이 얼마쯤은 주머니에 있어야 아이들과 접선할 수 있다. 실제 놀이거리나 심리 활용 기술도 좋고,

때맞춰 들려줄 수 있는 이야기 같은 것도 동전에 해당한다. 동전이 많아야 아이들과 잘 놀 수 있다. 잘 놀아야 그 안에서 믿음이 쌓이고 설득력이 생긴다. 이를테면 아이들이 좀 '싸가지' 없이 굴 때 분위기를 딱 잡아놓고 이런 이야기를 들려주는 거다.

"옛날에 큰 스승이 있어 그를 따르는 제자들이 많았다는구나. 그런데 이 중에 우리 반 누구처럼 아주 영리한 제자가 있어. 다른 사람은 10년이 걸려도 공부가 끝나지 않아 계속 스승을 수행하는데 이 영리한 제자는 입문 1년 만에 그랬다는 거야. '스승님. 배울 거는 다 배운 거 같습니다. 하산하고 싶습니다.' 이 말에 노스승이 빙그레 웃었겠지. '그럼 이게 무엇인지 뜻을 한 번 풀어 보거라' 그러면서 사람 인사자 여섯 개를 人人人人人人 이렇게 늘어놓는 거야. 도대체 이게 무슨 뜻일까. 여섯 사람이 모이면 귀신도 잡을 수 있다는 것인지, 세 사람이 고스톱을 치고 나머지 셋은 광을 팔았다는 이야기인지……. 도저히 무슨 뜻인지 알 수 없었던 제자는 얼굴을 붉히며 무릎을 꿇었지. 그 후 이 영리한 제자는 아주 열심히 공부를 해서 으뜸 제자가 되었는데 그래도 그 문제만은 풀 수 없었다는 거야. 그래서 스승이 죽기 직전에 여쭈었어. 스승님, 어떤 뜻을 담고 있는 글입니까? 얘들아, 너희가 맞춰 봐라. 무슨 뜻일까.(아이들은 눈만 반짝거릴 뿐 대답이 없다.) 스승은 한 글자씩 짚으며 그 뜻을 풀어 주었지. 봐라! 사람人이 사람人이면 다 사람人이냐 사람人이 사람人같아야 사람人이지! 허헛, 말 되지? 그래, 사람 같은 사람, 우리는 바로 이런 사람이 되어야 하는 거다. 주변을 둘러봐라, 사람 같지 않은 사람이 얼마나 많은가."

요즘 우리 반 교실엔 허브향이 넘친다

아이들이 하나둘씩 모으고 나도 대여섯 개 보태 허브 화분 50여 개가 창가를 채우고 있다. 꽃 화분은 꽃이 지고 나면 아이들이 관심을 두지 않아 쉽게 죽기도 해서 몇 해 전부터는 허브를 키운다. 교실 창가에서 식물을 키우는 것은 여러모로 권장할 만하다. 허브의 매력은 뭐니 해도 교실에 들어설 때마다 그윽하게 스미는 향. 덩달아 아이들까지 고와 보인다.

이제 1년의 시작이다. 깨지고 실패하고 속상한 일이 불일 듯하겠지만, 성장점이란 것이 본디 격렬하지 않은가. 고통스럽더라도 아이들 속으로 들어가 보는 것이다.

| 2008. 3. 4. (화) | **203 쪽지통신** | 1호 |

이것저것 알릴 사항이 많아서 당분간 우리 반만의 〈쪽지통신〉을 발행합니다.
이 쪽지통신은 잘 모아 둡니다. 곧 다른 이름으로 바꾸어 정기적으로 발행할 예정입니다.

친구 이름을 익힙시다. 2008년 한 해 동안 운명을 같이 할 친구입니다.

번호	이 름
1	강민○
2	강효○
3	김진○
4	류지○
5	문수○
6	박선○
7	박정○
8	오현○
9	이경○
10	이세○
11	이승○
12	이유○
13	정다○
14	홍미○
15	홍소○
25	김민○

만나서 반갑습니다. 44명의 친구들이 운명적으로 3반이라는 이름으로 묶였습니다. 다 같이 서로 배려하고 아끼며 행복한 1년을 가꾸어 갔으면 합니다.

무엇보다 우리 반은 〈착하고 성실하며 상식적인 질서가 존중받는 학급〉이 되었으면 좋겠습니다. 잘난 체 하는 것은 용서할 수 있지만, 힘을 앞세워 군림하는 것, 착한 친구를 무시하거나 괴롭히는 것, 열심히 노력하는 자세를 비아냥거리는 천박함은 용서하기 어렵습니다. 요즘 세상이 그렇게 가고 있습니다. 우리 반만이라도 사람이 사는 것 같은 밝고 경쾌한 학급이 되기를 간절히 소망합니다.

일단 몇 가지 임시 학급 규칙을 알려드립니다.

• **청소당번** : 청소는 무엇보다 중요합니다. 청소 잘 하는 사람이 인간성도 좋습니다. 각자 원하는 요일을 정해 한 주에 한 번씩 청소합니다. 선생님도 같이 청소합니다. 청소

26	김범O
27	김병O
28	김승O
29	김준O
30	김지O
31	김진O
32	김홍O
33	박상O
34	박우O
35	박우O
36	성기O
37	원준O
38	유현O
39	윤현O
40	윤 O
41	이 O
42	이대O
43	이재O
44	전재O
45	주동O
46	최민O
47	최준O
48	최진O
49	전인O

담임
이상대 선생님
016-500-728×

당번은 오늘 정하겠습니다. 특별구역(상담실 5명)

- **급식 규칙**

1) 홀수 날은 여학생이, 짝수 날은 남학생이 먼저 먹습니다.
2) 1학기 급식당번은 오늘 4교시 학급활동 시간에 뽑습니다.(5명—봉사활동 시간 부여)

- **주변(봉사 도우미)활동**

2명이 한 주씩 돌아가며 봉사도우미 활동을 합니다. 봉사 도우미는, 아침 및 점심 청소를 하고, 방과 후 청소 뒷마무리를 하며, 교실 바깥활동을 할 때 문단속을 책임집니다. 봉사 도우미는 남학생부터 시작합니다. 도우미의 활동에 따라 교실의 빛깔이 달라집니다.

— 3월 5일~3월 9일 봉사 도우미 : 최진O, 최준O

*** 우리 반 시간표** (놀토가 있는 주의 수요일 6, 7교시는 토요일 2, 3교시 과목 수업)

	1	2	3	4	5	6	7
월	국사	도덕	체육	영심	사회	영어	
화	국어	일어	가정	수학	물상	체육	
수	영어	음악	국어	물상	수학	HR	CA
목	사회	영어	수학	기술	국어	생물	
금	도덕	미술	체육	가정	물상	창재	
토	국어	한문	수학	HR			

| 2008. 3. 17. (목) | 203 쪽지통신 | 4호 |

> 다짐했을 때 실천하라.
> 류지연 좌우명

우리가 만난 지 딱 열흘째 되는 날입니다.

조금씩 3반 똥포들의 얼굴이 눈에 들어옵니다.

(아직 이름은 다 못 외웠지만)

조금씩 개개인의 특성도 파악되는 듯싶습니다.

그렇지만 서로를 충분히 알고 돕기에는 아직 많이 부족합니다.

봄꽃이 만발할 무렵이면 좀 더 친해지겠지요?

****

오늘은 정부회장 선거를 하는 날입니다.

예고한 대로 오늘 5교시 국어 시간에 정부회장 선거를 합니다. 남녀 통틀어 가장 표를 많이 얻은 친구가 회장이 됩니다. 유세를 잘 듣고 소중한 한 표를 행사합시다. 진지, 진지하게 투표하되, 선거는 축제처럼!!

♡ 출마자 : 강효×, 김승×, 김준×, 김지×, 문수×

우리 교실을 허브 화원으로!

허브 화분 하나씩 가져오기. ― 창가에서 허브를 키울까 합니다. 화원에 가면 화분 하나에 2천원씩 할 겁니다. 허브 화분을 하나씩 가져오면 교실 창가에 가지런히 놓고 키우겠습니다. 허브 향기가 교실을 가득 채우게 되겠지요. 머리를 맑게 하고 기분을 전환하는 데는 허브향 만한 것이 없답니다.

선생님은 5개를 기증하겠습니다. 왜? 인간성이 좋으니까! ^.^

참, 부탁 하나

이름이 안 외워져서 미치겠습니다. 혹시 샘이 친구들에게 "이름이 뭐지?" 이렇게 물어도 섭섭해하지 맙시다. 관심이 없는 것이 아니라 기억력 문제입니다. 나이가 들면 다 그렇게 됩니다. 그치만 3월이 가기 전에 다 외울 수 있겠지요? 제발 학생증 좀 걸고 다니시오!!

자르세요

급훈과 쪽지통신의 이름을 공모합니다. 당선자에게는 특별상품(자리우선지정권 등)이 주어집니다.

***

급훈 (우리 반이 1년간 마음 속에 새기고 살아갔으면 하는 것으로 구체적이고 참신한 것)

예) 세상아 비켜라, 열심히 하다 보면 뜨는 날이 온다, 배려하고 수용하자, 아끼고 사랑하며 등등

쪽지통신의 이름 (작년에 선생님 반 쪽지통신의 이름은 얼짱통신이었습니다.)

예) 행복통신, 44통신(우리 반이 44명이니까), 아사달 통신(아끼고 사랑하는 달콤한 반) 등등

학번 ________ 이름 ________

<table>
<tr><td>행복 3반
짝수일기장</td><td>이 일기는 짝수 번호끼리 돌려쓰는 생활일기입니다.
(홀수일기는 홀수 번호끼리 돌려씁니다.)</td></tr>
</table>

웬 일기냐고요? 우리는 1년 동안 한 교실에서 같이 살아가야 할 운명 공동체입니다. 각자 어떻게 살고 있는지, 요즘 무슨 생각을 하고 있으며, 어떤 고민과 갈등, 기대감을 갖고 있는지 그 속마음을 나누는 것이 무엇보다 중요합니다. 그래야 서로를 이해할 수 있습니다.

이해는 용서를 낳고 화해와 사랑을 싹 틔우는 씨앗이 됩니다.

♥ 뭘 쓰지? (뒷면의 예를 참고해서 쓰면 됩니다.)

최근에 겪은 자신의 학교생활 이야기, 수업 이야기, 집이나 친구 사이에 있었던 일, 친구들에게 하고 싶은 이야기, 자신의 고민 등 아무 이야기나 좋습니다. 단 구체적으로 솔직하게 쓰는 게 중요합니다. 솔직해질 수 있는 것도 용기입니다. 일단 쓰기만 하면 다소 문장이 어색하더라도, 혹, 맞춤법이 틀리더라도 다 용서하겠습니다. **아무리 짧아도 10줄 이상은 씁니다.**

♥ 일기를 써서 어떻게 하지? 그리고 순서는?

1) 자기 차례가 되면 집에 가져가서 쓰고 다음 날 아침 선생님께 제출합니다.

선생님은 그 일기를 읽고 댓글을 달아 다시 돌려 줍니다. 그러면 선생님 답변을 읽고 일기를 그 다음 차례에게 넘겨 줍니다. 받은 친구는 역시 같은 방법으로 일기를 써서 선생님에게 제출합니다.

2) 일기 쓰는 차례 : 2 강효○ → 22 김동○ → 4 류지○ → 24 김민○ → 6 박선○ → 26 김범○ → 8 오현○ →28 김승○→ 10 이세○→ 30 김지○→ 12 이유○→ 32 김홍○→ 14 홍미○ → 34 박우○ → 36 성기○→ 38 류현○→ 40 윤○→ 42 이대○→ 44 전재○→ 46 최민○→ 48 최진○ ➡ 다시 2번부터

♥ 이 원칙만은 지킨다!!

1) 일기가 자기 손에 들어오면 늦어도 이틀을 넘기지 않습니다. (이틀을 넘기는 경우, 벌칙!)
2) 이 일기는 우리 반끼리 돌려쓰는 일기입니다. 다른 반 친구에게 보여 주지도 말고, 내용에 대해서도 비밀을 지켜 줍니다. 단, 쓸 때는 검정색 계통의 펜으로 씁니다.
   (필요할 때 복사하기 좋게!)

※열심히 쓴 친구에게는 여러 권리가 보장된 쿠폰을 상품으로 줍니다.

학부모님께

—부모님께 드리는 담임의 3월 편지

안녕하십니까?

인사가 늦었습니다. 앞으로 1년 동안 부모님의 자녀를 가르치게 된 담임 이상대입니다. 올해 신월중에서 신서중으로 전근을 왔습니다. 아직은 낯설고 서먹한 분위기 속에서 학급 아이들 얼굴 익히랴 학년 초 업무 처리하랴, 요즘 정신없이 바쁘게 지내고 있습니다. 저는 국어 담당이며, 교직 경력은 20년이 조금 넘었습니다. 경력이 이 정도 되면 아이들을 가르치는 일에 능통할 법도 한데, 왜 이렇게 해가 갈수록 어렵고 힘든지 밤잠을 설칠 때가 많습니다.

부모님께서도 자녀들 때문에 걱정이 많으시지요?

학년이 높아질수록 말도 잘 안 듣고, 공부보다는 멋 부리고 핸드폰, 컴퓨터에 온 시간을 다 쏟아 부으며, 잔소리라도 할라치면 버럭 짜증을 내고 꼬박꼬박 말대꾸까지 서슴지 않습니다. 사춘기라서 그렇겠지 이해가 되면서도 막상 얼굴을 대하면 걱정이 앞섭니다. 저 역시 고2짜리 아들을 '받들고' 있는 터라 부모님의 마음을 잘 알고 있습니다. 어디 속 터질 때가 한두 번인가요. 그런 점에서 부모님들과 저는 서로 돕고 지원해야 할 동지입니다.

저는 담임으로서 '관계'의 문제에 특히 신경을 쓰고 있습니다.

나이 특성상 아이들은 친구 관계에 아주 민감합니다. 친구 관계에 따라 '천당과 지옥'을 오가기도 합니다. 친구 문제가 제대로 풀려야 자신감도 생기고, 정서적으로 안정되어 공부에 매진할 수 있기 때문입니다. 각 교과 선생님과의 관계도 마찬가지입니다. 열두 분 각 교과 선생님과 서로 존중하고 격려하는 관계가 유지될 때, 긍정적인 학습 태도가 길러집니다. — 이런 양 방면의 관계가 잘 풀려 각자 '존재감'을 인정받으며

     이상대의 4050 학급살림 이야기

안정된 분위기 속에서 생활할 수 있도록 힘닿는 대로 돕겠습니다.

이런 과정에서 아이들과 갈등이 빚어지기도 하고, 꾸짖는 일이 생길 수도 있을 것입니다. 혹 그런 일이 생기면 속으로만 섭섭해하지 마시고 연락도 주시고, 더 적극적인 지지와 응원을 당부 드립니다. 저도 두세 달에 한 번씩은 자녀들의 학교생활 소식을 담아 편지를 띄우겠습니다.

편지 드린 김에 자녀교육과 관련해서 학년 초에 읽을 만한 책을 소개합니다.

'로그인하시겠습니까'(아침이슬)라는 책은 전에 근무하던 신월중학교 아이들이 쓴 이야기를 묶은 책인데, 소설 형식을 갖추고 있지만, 요즘 아이들의 생활과 생각을 그림 보듯이 볼 수 있습니다. '남자아이 여자아이'(아침이슬)는 남녀 아이들의 성차를 바탕으로 어떻게 훈육하고 키울 것인가에 대한 유용한 정보가 많이 담겨 있습니다. 특히 어머니께서 아들을 이해하는 데 큰 도움이 될 것입니다. 우리도 공부해야 합니다. '좋은 어른'으로 진화하려는 노력 없이는 아이들에 대한 설득력을 갖추기 어렵습니다.

혹시 자녀 문제로 상의할 일이 생기거나, 건의 사항이 있으면 언제라도 연락 주십시오. 제가 핸드폰에 익숙지 않으니 편지나 메일을 주시는 것이 좋겠습니다. 참, 한 주에 2회 정도 학급 아이들에게 〈쪽지통신〉이란 것을 만들어서 전해 주고 있습니다. 자녀와 같이 읽으면 아쉬운 대로 학급 돌아가는 사정을 살필 수 있을 것입니다.

늘 건강하시고, 봄이 만개하는 4월에 다시 편지로 뵙겠습니다. 안녕히 계십시오.

2008년 3월 5일 담임 이상대 드림.

메일 주소 : applebighead@hanmail.net

핸드폰: 016-500-728×

우리 아이에 대해 알려 드립니다

회신서

아래 란에 부모님의 의견을 적어서 보내 주시면 차후 자녀지도에 참고하겠습니다. 가능한 구체적으로 적어 주시되, <u>보내 주실 때는 봉투를 밀봉하여 자녀가 볼 수 없도록 해 주시면 좋겠습니다.</u> (바쁘시겠지만, 가능한 토요일까지는 보내 주세요.)

• 학생 이름 : _______________________

• 부모님 성함 : _______________ 자녀와의 관계 ______ 연락처 _______________________

자녀의 특성이나 걱정되는 점 등 자녀와 관련하여 담임에게 하고 싶은 말씀이 있으면 적어 주세요. 부탁, 상의하고 싶은 내용도 좋습니다.

가정환경면에서 담임에게 귀띔하고 싶은 내용이 있으면 구체적으로 적어 주세요.

(요즘 심각한 경제난으로 매우 곤란하거나 어려운 처지에 놓인 가정이 있을 수도 있습니다. 그런 경우, 상황을 자세히 적어 주시면 급식비 감면, 방과 후 수업 무료수강 등 담임으로서 지원할 수 있는 방안을 궁리해 보겠습니다.)

기타 하고 싶은 말씀이 있으면 적어 주세요.

四月
●

4월에는 첫 고비가 온다

4월은 1년을 좌우할 일상생활의 질서를 구축하는 한 고비가 된다. 학급 규칙을 은근슬쩍 넘나드는 아이들이나 수면 위로 떠오르는 '힘의 권력'에 얼마나 효과적으로 대처하느냐에 따라 '규칙의 위엄'이 결정된다. 규칙뿐이랴. 학기 초에 공언했던 여러 일, 예컨대 학급통신이나 일기, 교실 꾸미기 같은 것들이 4월에 자리를 잡지 못하면 이후를 장담할 수 없다. 이런 일련의 질서를 물 흐르듯 자연스럽게 구축하는 한편, 신경 써야 할 대목은 상담이다.

3월이 가고 있다. 눈길 닿는 곳마다 꽃이 눈부시다. 목련꽃 떨어진 자리
에 민들레가 무리지어 피고, 화단가에는 제비꽃, 쇠별꽃이 만발했다. 잡
은 터도 다르고, 꽃 모양새도 제각각이다. 어찌 저리 아이들을 닮았는가.
이리저리 탐색전을 벌이던 녀석들이 3월 하순을 넘어서면서 본격적으로
기지개를 켜고 있다. 담임의 '낯선 행색'에도 익숙해져 이젠 별다른 조
심을 떨지 않는다. 서서히 제 색깔을 드러내고, 이렇게 저렇게 무리를 이
루는 모습도 눈에 확연하다. 아직은 얌전을 떨고 있지만, 이 영악한 친구
들은 곧 제 편한 쪽으로 슬쩍슬쩍 샅바를 당겨 보는 시험 과정을 거쳐 운
신의 폭을 조정하게 될 것이다.

첫 고비가 출렁, 교실 문턱을 넘는 것도 딱 이때쯤이다. 창가에 허브향이
난만하고, 환경 정비는 반듯하며, 수업 태도는 가지런하고 — 이런 겉모

습에 취해 손을 놓는 순간, 힘을 앞세운 아이들의 권력 구조가 불쑥 뒤통수를 때리는 것이다. 들여다보매 이미 약자는 아무렇게나 내팽개쳐져 있고, 약속과 규칙은 얼렁뚱땅 넘어가고 있다. 이크! 머리가 확 뜨거워지는 이런 4월이 어디 한두 번이었는가.

4월은 1년을 좌우할 일상생활의 질서를 구축하는 한 고비가 된다. 학급 규칙을 은근슬쩍 넘나드는 아이들이나 수면 위로 떠오르는 '힘의 권력'에 얼마나 효과적으로 대처하느냐에 따라 '규칙의 위엄'이 결정된다. 규칙뿐이랴. 학기 초에 공언했던 여러 일, 예컨대 학급통신이나 일기, 교실 꾸미기 같은 것들이 4월에 자리를 잡지 못하면 이후를 장담할 수 없다. 이런 일련의 질서를 물 흐르듯 자연스럽게 구축하는 한편, 신경 써야 할 대목은 상담이다. 4월은 이른바 상담 시즌이다. 상의上醫는 치미병治未病이라.—고수는 예측되는 문제 상황을 미리 다스리는 것으로 병증을 막는다고 했다. 아이들 스스로 민치民治의 성장을 도모하는 경지야 어찌 꿈꿀까마는 '치미병'이라도 제대로 하기 위해서는 아이들을 넓고 깊게 알아야 한다. 법과 규칙만으로 유지되는 집단은 없다. 소통하기—아이들이 교사를 수용해야 가르침도 일어난다. 상담에 굳이 격식을 갖출 필요는 없으되, 어떤 형식의 상담이 되었든 사전 정보가 필수적이다.

상담, 굳이 격식을 갖추지 않는다

본격적인 상담을 위해서는 3월이 가기 전에 서둘러야 할 일이 있다.

자기소개서, 환경조사서, 건강실태조사서 등을 두루 통독하여 아이들 신상에 관한 초록抄錄을 만드는 일이다. 상담의 밑자료로 이만한 것이 없다. 특히 요긴한 것은 학부모 총회 같은 때 어머니들이 직접 작성한 '학부모 의견서'이다. 기록에 따른 즉, 겉보기에 반듯하고 모범적인 찬이는 뜻밖에 "학원을 안 가고도 갔다 하고, 컴퓨터 게임을 하고도 천연덕스럽게 잡아떼는 모습을 보면서 절망을 느낄 때가 많다"고 하고, 웃는 입매가 매력적인 홍이는 "작년 내내 각 교과 선생님과 사이가 안 좋아 전학을 심각하게 검토" 했단다.

이런 정보를 추려 정리하니 A4 용지로 4쪽이나 된다. 그런데 막상 아이들 만날 시간이 나질 않는다. 44명 가운데 42명이 학원을 다니고 있다. 대부분 학원 시작 시간은 5시, 하교 후 아이들이 누리는 자유 시간이 기껏해야 한 시간 남짓인데, 상담하자고 이 금쪽같은 시간을 뺏을 수는 없다. 상담은 피차 컨디션이 좋을 때 효과가 크다. 결국 조, 종례 시간과 점심, 방과 후 청소 시간 같은 일과 시간의 틈새를 활용할 수밖에 없다. 일종의 길거리 상담이다.

길거리 상담은 형식을 갖추지 않아서 그렇지 활용하기에 따라 장점도 많다. 일대일로 정색하고 마주하는 어색함도 피할 수 있거니와 특히 남학생의 경우, 말 트기도 쉽고 속내를 드러내기도 편하다. 이런 식이다.

―점심 배식을 도와준 뒤에 교실 청소를 할 때(급식 후에는 나 혼자서라도 교실 청소를 한다.), 미리 한 녀석을 잠정적으로 정해 두는 것이다. 혼자 청소를 하다가 해당 아이가 눈에 띄면 "어이, 친구! 우리 모범생 놀이

할까” 하고 꼬드겨 같이 청소를 마무리 짓는다. 이런 식으로 두어 번 같이 청소를 하면, 금세 친근한 마음이 들어 스스럼없이 손잡고 교무실까지 내려오며 이야기를 나눌 수 있다. 나이가 드니 이런 게 좋다.

―네가 쓴 소개서를 보니까 아빠 하고 사이가 별로 같던데, 아빠가 무섭니?

―술을 너무 많이 드세요. 늘 취해 있어요.

―술주정 하시니?

―장난 아니지요. 저는 커서 절대 술 안 마실 거예요.

―마음이 무겁겠다. 아빠께 직접 말씀은 드려 봤니?

이런저런 이야기를 나눈 뒤에, 잠깐이라도 짬이 나면 도서실을 찾아간다. 밥 먹고 도서실 가는 아이는 정해져 있다. 이중에 ‘혼자놀기’의 징후를 보이는 아이가 있다. 주이, 머리를 뒤로 당겨 묶고 야무지게 생겼으되, 친구를 사귀지 못하고 밥만 먹으면 곧바로 도서실로 직행한다. 자기소개서에 만화가가 꿈이라고 쓴 아이다. 아침 시간에도 늘 그림만 그린다. 이 아이는 책이 좋아서라기보다는 친구가 없어서 책을 동무 삼아 도서실에서 사는 것이다. 지원이 필요한 아이임에 틀림없다. 그렇다고 바로 친구 만들기 프로젝트 같은 본론으로 들어갈 수는 없다. 서둘지 말자. 밥은 잘 먹었냐고 물어도 보고, 무슨 책을 보나 겉장도 살펴보다가 사탕을 하나 슬쩍 찔러 주며 등을 툭 친다. 담임이 제게 관심을 가진다는 것만으로도 아이 표정에는 안도감 같은 것이 비친다.

―책만 보면 키 안 큰다. 같이 햇볕 쬐러 나갈래?

─ 그냥 책 볼래요. 이거 재미있어요.

─ 너 만화가가 꿈이랬지? 강풀 만화 봤어?

─ 아직 못 봤어요.

─ 강풀의 순정만화, 그거 진짜 재미있다. 샘이 빌려 줄까?

아이들과 만나는 시간으로는 그 중 방과 후 청소 시간이 길고 요긴하다. 3월 하순부터는 청소를 끝낸 뒤 조금 더 붙들어 둔다. 10분 과자 타임 ─ 뚝딱 청소를 끝낸 뒤 과자를 풀어놓고 보글보글 수다를 떠는 것이다. 이를테면 집단상담인 셈이다. 이 과자상담은 4월 내내 진행한다.

─ 구현이하고 동우는 왜 생물 시간에 쫓겨났니?

─ 애들 핸폰 동영상 보다가 걸렸대요. 수학 시간도 걸릴 뻔 했어요.

─ 야동?

─ 아니에요. 야동은 무슨……. 5반 애들 싸운 거 찍은 거예요.

─ 아이쿠! 싸움은 안 말리고 그걸 찍었다고? 그나저나 핸드폰 때문에 큰일 났다. 안 가져올 수도 없고, 또 가져오면 습관적으로 수업 시간에도 쓰게 되고……. 샘 아들은 약간 게임 중독증이 있는데 고2 때는 그러더라. 스스로 조절이 안 되니까, 컴퓨터 좀 치워달라고. 우리도 이참에 핸드폰 대책 좀 세워 보자. 좋은 방법 없을까?"

이래저래 4월엔 아이들과 붙어 지내는 시간이 많다. 너무 지나치게 아이들 곁에 머무는가. 아니다. 그래도 아이들의 내밀한 속내를 만나기에는 턱

없이 모자란다. 학기 초에 임시 반장을 하면서 정보부장, 특별구역 청소까지 뭐든지 다 하겠다고 나서는 씩씩한 친구가 있었다. 그 녀석 의욕 한번 대단코나, 하며 내심 대견해하고 있는데, 지나가던 선생님이 손짓을 했다.

— 저 아이가요. 작년 학부모 총회 하던 날, 엄마는 학교에 오고, 저는 일찍 집에 갔는데 글쎄 아버지가 목을 매고 죽어 있더래요. 딱 마주친 거지요. 그때 충격이 커서인지 아직도 기분의 진폭이 커요. 신경 쓰셔야 할 거예요.

아무리 아이들 곁을 맴돈다 해도 몇 번의 관찰과 대화로 어찌 어린 영혼들의 고단함을 두루 파악할 수 있겠는가.

모둠 구성이 필수는 아니다

3월 말부터 모둠 때문에 고민을 많이 했다. 할 것인가 말 것인가.

자신의 일을 스스로 조율해 가는 자치에 관한 한 뿌듯한 성취 경험이 없다. 학생회 기능이 죽은 판에 학급회의는 맥이 풀릴 수밖에 없고, 덕분에 아이들은 의견을 조정하고 통합하는 과정에 서툴고 관심을 보이지 않는다. 그렇다고 교사가 효율을 앞세워 일괄 통제를 강화하면 아이들은 발전은커녕 교사의 감독에 대응하느라 온갖 에너지를 다 소진한다. 교사역시 감독하느라 힘을 빼다가 기어코는 불같은 분노로 치닫는 수순을 밟게 된다. 그래서 그동안은 실력껏 감당할 수 있는 수준에서 학급활동을 그룹별로 쪼개, 역할을 나눠 갖는 모둠을 운영했다. 모둠은 운영하기에 따라, 서로 돕는 과정을 통해 각자 존재감을 회복할 수 있는 유력한 방안이다. 그러나 자칫 별다른 고민 없이 도입하는 경우, 그저 청소나 같이 하고 모둠일기나 쓰는 정도의 작은 관리 기구로 전락하게 된다. 모둠원 간의 갈등을 조정하느라 온갖 에너지를 소모하는 경우도 허다하다.

고민 끝에 공식적인 직함(정·부회장, 선도부원, 정보부장)을 가진 아이들을 학급운영위원회라는 이름으로 소집했다. 이들 앞에 모둠 편성표를 내미니, 왜 축구부는 없느냐, 밴드부를 만들면 안 되겠느냐, 마음에 드는 게 없는 사람은 어떻게 하느냐 말들이 많다. 그러다가 모둠별 봉사활동, 모둠 상담, 비빔밥 먹기, 경제활동(모둠별로 직접 일손돕기나 알뜰장터 같은 활동을 벌여 수익금을 내는, '체험 삶의 현장' 뭐 이런 프로그램이다.) 등의 내용을 자세히 들여다보더니, "이런 거 못할 걸요. 시간이 없어요." 하며 고개를 젓는다. 우리 반에 특목고 대비 학원 다니는 애들이 여남은 명 되는데 이 아이들은 공휴일도 없단다. 그들뿐 아니라 다른 학원 다니는 애들도 워낙 숙제가 많아서 다른 것을 하자고 하면 짜증 먼저 낸다는 것이다.

결국 논의 끝에 모둠활동을 세분해서 1인 1역으로 전환하자는 결론에 합의를 했다. 하긴 모둠 구성이 필수 목표는 아니니, 일단 이 정도 수준에서 출발점을 잡는다. 한결 같은 책임감으로 움직이지 않는 부분도 있겠지만, 각기 한 역을 맡아서 학급원으로서 기능을 하다 보면 이런저런 의견이 쏟아져 나올 것이다. 그를 바탕으로 털고 정리하면서 머리를 맞대면 또 다른 길이 열리기도 할 것이다. 아이들일수록 만남의 방식은 유연해야 한다. 어쨌거나 본격적인 학급 살림살이는 지금부터가 시작일 터, 얼마나 많은 갈등의 파고가 밀려가고 밀려올 것인지.

   이상대의 4050 학급살림 이야기

1인 1역 구성

모둠(활동주제)	활동 내용	세부 역할	인원	이름
쪽지통신 제작	쪽지통신 발간활동	쪽지통신 제작 지원 (문집·편집부를 겸한다)	4	
학급 돕기	아픈 친구 돕기 책걸상 및 비품 관리 봉사활동 안내	친구 출결 파악하기	2	
		책걸상 관리	2	
		비품(휴지, 걸레 관리)	1	
		봉사활동 안내	2	
		분실물 관리	1	
교실환경 가꾸기	허브를 돌보고 게시판을 관리한다	허브 돌보기	2	
		게시판 관리(앞)	1	
		게시판 관리(뒤)	4	
학급행사 추진	생일잔치 등 학급활동 기획, 추진	내부(생일잔치 등)	4	
		외부(백일장 등) 활동	3	
학습 지원	예체능 수업 도우미 교실 수업 챙기기	체육부장	1	
		미술부장	1	
		음악부장	1	
		기타 과목	2	
		분필 챙기기	1	
총무	학급장부 관리, 일과 및 숙제, 시험 정보 안내	출석부 관리	1	
		과제물 체크 해 주기(칠판)	1	
		일과 진행 확인	2	
		유인물 관리	1	
		학급일기 쓰기	2	
임원진	학급활동 기획/지원 학급 문제 상황 파악/대처	회장	1	
		부회장	1	
		선도부	2	
		정보부장	1	
			44	

게시판은 장식품이 아니다

현재 우리 반 뒷게시판은 아이들 말마따나 좀 '허접' 하다. 자기소개를 겸해서 '내가 좋아하는 사람' '내가 꿈꾸는 직업' 등의 내용으로 꾸민 A4용지 40여 장만 가득 붙어 있다. 환경미화 주간이 끝날 즈음 어떤 아이가 그랬다.

— 샘, 다른 반은 야생화, 건강 체조, 별자리 운세 뭐 이런 걸로 꾸미고 비닐을 씌워서 깨끗하게 붙여 놨는데, 우리는 그냥 이대로 갈 거예요?

— 그런 것은 1년 동안 전시할 목적으로 만든 건데, 너희들 솔직히 한 주 면 그거 다 읽지 않니? 그 담엔 더 쳐다보지도 않고 기껏해야 공이나 튕 기지.

사실, 수업이나 교재연구, 상담 같은 일에 치이다 보면, 교실 구석구석을 알뜰살뜰 돌보고 가꾸는 일에 쉽게 손을 낼 수가 없다. 그래서 대부분 3월에 반짝 공을 들여 쌈빡하게 치장하고는 손을 턴다. 설령 그렇다 해 도 전시 게시판 몇 개로 1년을 버티기에는 그 공간이 아깝기 짝이 없다. 상자식 교실 구조에서 그나마 활용 가능한 공간이 뒷면 아닌가.

올해도 게시판 일부는 고정판으로 쓰더라도 그 중 두세 개는 꾸준히 갈 아 끼우는 방안을 도입했다. 이른바 '게시판을 활용하는 학급운영' — 월 별 학급활동 시간에 이러저러한 주제활동을 하고('예감이 좋은 친구/선생 님 소개하기' 같은) 그 결과물을 주기적으로 교체, 전시하는 것이다. 크게 품을 들일 것도 없다. 학기 초에 색지나 색연필 등을 학급 물품으로 확보 해서 바구니에 담아 놓았다가 (색지는 3등분한 게시판 사이즈에 맞도록 미

   이상대의 4050 학급살림 이야기

리 잘라 놓는다.) 활동 시간에 꺼내어 각자 취향껏 자르고 오려 쓰면 되는 것이다. 글의 분량이 적은 녀석은 용지의 나머지를 가위로 잘라 보관함에 넣으면 되고, 길게 쓰는 놈들은 잇대어 붙여서 쓰면 된다. 깔끔하지 않으면 어떠랴. 게시판이 살아나면 학급의 빛깔도 살아난다. 게시판을 통해 아이들은 은밀한 소통을 즐길 수도 있다. 그러한 전시 결과물을 월별로 집적하면 그대로 학급문집의 자료가 된다.

3월 자기소개서에 이어, 4월 초반엔 '내 건강, 내 몸의 비밀'(손이나 발바닥을 본뜨고 그 안에 자신의 신체나 건강에 관련된 이야기를 쓴다. 담임이 미리 자신과 관련된 내용으로 샘플을 만들어 선보이면 결과물의 질이 달라진다. 이것들을 모아 붙이면 순식간에 교실이 손발바닥으로 가득 차는 진풍경이 연출된다.) 후반부엔 '친구 이야기'(4월 자료 3)를 교체 게시한다. '친구 이야기' 같은 경우 '칭찬해 주고 싶은 친구' 항목은 따로 정리하여 게시판에 공지하고, '친구 도와주기'는 좀 더 세밀하게 분석하여 학생 면담 자료로 활용한다.

학급운영 목표를 '소통과 관계 개선을 통한 성장'으로 설정했다면 게시판 활용도 일정 부분 그와 잇대어 기획, 운영해야 한다. 그래서 학급운영의 목표를 거듭 확인하는 것이 중요하다.

교실 구석을 활용하는 지혜

사실, 교실 가꾸기 측면에서 보면 환경미화는 게시판을 넘어 아이들의 주거 환경을 구성하는 관점에서 살펴야 한다. 아이들의 필요와 정서에 철저히 응답하는 형태여야 하는 것이다. 책걸상은 제대로 수리되었는지, 안전사고 장애 요인은 없는지, 휴지걸이나 우산꽂이는 비치되었는지(책상 옆에 놓아 둔 우산에 걸려 넘어지는 아이를 여럿 보았다.) 반드시 점검해야 한다.

나눠 주고 남은 유인물이나 학습지를 보관하는 '통돌이'(1.5리터 음료수병의 목을 잘라 쓰면 안성맞춤이다.)나 학급 공용 물품 보관함을 여유 공간에 비치하는 것은 구석을 활용하는 센스! 보관함에 풀이나 자 같은 학용품 외에 바늘과 실, 손톱깎이, 일회용 반창고 등을 갖춰 놓으면 바짓가랑이 뜯어졌다고 온종일 엉거주춤 오리걸음을 걷는 놈들도 없어지거니와 서로 손톱을 깎아 주거나 상처를 감싸 주는 평화로운 장면을 수시로 목격할 수 있다.

4월에 살피고 챙길 일이 어찌 이뿐이랴. 학급 임원진 집단상담 자리도 마련해야 하고, 1차 가정방문 계획도 세워야 한다. 학부모 2차 통신도 보내야 하며, 중간고사를 앞둔 아이들도 챙겨야 한다. 시험을 앞두고는 피차 신경이 바짝 곤두서게 마련이다. 서로 바쁠 수밖에 없다. 바쁘고 다급할수록 담임은 중간중간 '내가 왜 이 일은 하는가' 수시로 자문하여 중심과 지향을 놓치지 말아야 한다.

그런 한편으로 아이들의 외곽을 헤아리는 일도 게을리 할 수 없다. 오로지 교실 안에 시선이 묶이다 보면 아이들을 둘러싼 억압적 환경이나 규제를 무심코 지나치게 된다. 혹시 아이들의 생활과 관련하여 불합리한 규제와 제재는 없는지, 불필요하게 강요되는 사안은 없는지 살피고, 필요하다면 동료들과 의견을 만들어 내야 한다. 그래서 담임은 언제든 검의 양날을 푸르게 벼려 놓아야 한다. 어쩌겠는가. 아직은 아이들의 진퇴가 상당 부분 담임 손에 달린 것을.

| 2008. 4. 11. (금) | 203 허브통신 | 9호 |

에궁! 시험 시즌이

시험 시간표가 발표되었습니다.

첫 시험이라 긴장되고 초조하지요. 그럴수록 하루하루를 충실하게 보내는 것이 최고의 대비책입니다. 피할 수 없으면 즐겨야 합니다. 까짓거, 공부랑 한번 맞장 떠 보는 겁니다.

	5.1.(목)	5.2.(금)	5.3.(토)
1교시	수학	과학	국어
2교시	한문	사회	기가
3교시	영어	도덕	일어

****

요즘 샘이 기분 좋은 것 두 가지, 안타까운 것 두 가지

- **기분 좋은 거 두 가지** : 첫째. 홀짝일기가 잘 돌아가고 있습니다. 읽는 재미가 쏠쏠합니다. 욕심을 부린다면, 조금만 더 솔직하고 진지하게 자신을 털어놓았으면 좋겠습니다. 자신을 드러내는 유일한 출구니까요. 둘째. 3반 똥포들의 표정이 참 따뜻하고 편합니다. 그래서 교실에 들어오면 샘까지 기분이 좋아집니다. 수업도 우리 반에서 할 때가 제일 포근합니다. 우리 3반 똥포들의 마음이 행복하다는 증거겠지요. 웃음과 여유를 잃지 맙시다.

- **아쉬운 것 두 가지** : 첫째. 아침 시간 30분을 소홀하게 보내고 있다는 것입니다. 핸드폰 게임, 시끌시끌 소란소란……. 인생은 시간 싸움입니다. 아무렇게나 보내기에는 아침 30분이 너무 아깝습니다. 둘째. 딴짓과 장난으로 수업을 방해하는 철없는 친구가 생겨나고 있다는 것. 나 혼자 편하자고 시끄럽게 나대는 것은 친구의 공부를 방해하는 공무집행방해에 해당합니다. 놀 때는 유쾌 발랄하게 놀더라도 공부할 때는 확실하게 하는 겁니다.

다음 주에는

- 월요일(14일) 잘생긴 상대 샘이 일이 생겨서 학교에 오지 못합니다. 샘 없다고 울지 말고, 부담임 샘 모시고 서로 도와서 잘 지내세요. 담임 샘 안 계실 때 잘 하는 반이 진짜 좋은 반입니다.

  (청소당번 확인합니다. 교실 분단 청소 〈연, 현, 재, 은〉 교실 앞 쓸고 닦기 〈준, 상〉 복도 쓸고 닦기 〈철〉 걸레로 창턱 닦기〈이쁜 주이〉…… 빨리하고 마무리합시다. 수현이가 고생을!)

- 마니또나 밥 비벼 먹기 같은 학급 단합행사를 할 예정입니다. 기대되지요? 의견 있으면 주세요.

- **다음 주 봉사당번은 준과 홍**입니다. 지난 주엔 철과 현호가 잘 해 주었습니다. 교실이 반짝!

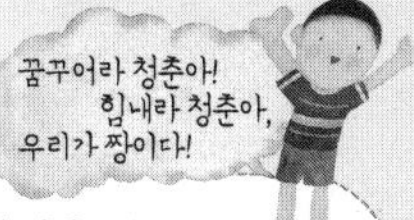

 3반 똥포들을 위한, 똑똑한 뇌를 만드는 비밀 전략 하나!!

잠 자기 직전에 공부하라

잠과 꿈의 비밀은 완전히 알려져 있지 않지만, 한 동물 실험 결과는 — 꿈은 우리가 전에 경험하거나 배운 것, 남겨둔 문제들을 다시 기억하는 과정을 반복하도록 만든다는 것을 증명하고 있다. 잠자기 전에 외운 것이 더 잘 기억되는 것도 바로 그 이유 때문이다. 잠 자기 전에 30분쯤 한자를 외고, 다음 날 아침에 확인하는 과정을 반복해서 실험해 보길…….

참, 공부하기 직전 찬물로 손을 씻는 것도 뇌에 자극을 주는 방법 중 하나! 공부하기 전에 책상을 정리하고 찬물에 걸레를 빨아 방을 쓱싹 닦는 것이 최고로 **좋은 공부 준비**입니다. 책상 깨끗해서 잡념 안 생기지, 손 운동 했으니 뇌 자극되지, 웬일로 청소를, 너 사람 됐구나! 엄마께 칭찬 받지, 이거야말로 일석삼조!! 으허허헷!

나의 친구 이야기	이 설문은 주변의 친구들을 챙기기 위해 만들어졌습니다. 열심히 하는 친구에게 잘했다고 등 두드려 주는 격려가, 힘들어하는 친구에게는 '나도 함께 하고 싶다' 는 위로가 더할 나위없는 힘이 됩니다. 이번 시간에는 그런 마음으로 친구 이야기를 해 봅시다.

(   )월 나의 친구 이야기

_____번 이름_____________

내가 칭찬해 주고 싶은 친구 셋

번호	이름	영역	이유 (구체적으로 예를 들어 자세히 쓰세요.)

* 영역의 예: 봉사심, 정직성, 인간성, 성실성, 협동정신, 수업 태도, 우애정신 등

친구 도와주기

☞ 길잡이 사람은 누구나 문제를 안고 살아갑니다만, 요즘 특히 힘들어 보이거나 문제가 되는 친구가 눈에 띄지요? 그 내용이 무엇인지, 또 어떻게 도와주었으면 좋겠는지 차분하게 생각을 정리해 봅시다.

친구 이름	걱정되는 점	어떻게 하면 도와줄 수 있을까

나의 강폭은

담임은 강둑의 노릇과 꼭 닮았다. 강폭을 좁히면 강물은 격렬하고 사나워진다. 강폭이 지나치게 넓으면 흐름을 잃는다. 유연하게 강의 흐름을 포용하되, 바다로 향하는 먼 지향점을 잃지 않는 것, 이것이 강둑의 자리일 것이다.

적절한가

교실 창 밖은 초여름 기색이 완연하다.

5월 초 현재 학급은 개울물 흐르듯 쫄쫄, 콸콸 요란스럽게 굴러가고 있다. 눈을 부릅떠야 할 큰 사안은 없다지만, 물러터진 담임의 정체를 파악한 녀석들은 한껏 시끄럽고 방자해져 있다. 그저 쉽고 편하게 가려는 쪽의 목소리만 천방지축 크고 높다. 그 기세에 치여 순해 터진 몇몇 아이들은 여전히 주류에서 밀려 주변을 서성거리고 있다. 학급을 쥐락펴락하는 거물급은 없지만, 담임 입장에서는 이 같은 백가쟁명식의 각개약진이 대응하기 훨씬 어렵다. 그래도 위안이라면 묵묵하게 제 할 일을 소리없이 해내는 아이들이 군데군데 사금파리처럼 빛나고 있다는 것. 홀짝일기나 학급활동이 끊기지 않고 맥을 잇고 있는 것도 따지고 보면 이들 덕분이기도 하다. 어쩌겠는가. 속 터지는 일이 한둘이 아니라 해도 이들을 불쏘

시개 삼아 밀고 당기며 자치, 배려 이런 깃발을 앞세워 진군할 수밖에 없다. 그러고 보면 담임은 강둑의 노릇과 꼭 닮았다. 강폭을 좁히면 강물은 격렬하고 사나워진다. 강폭이 지나치게 넓으면 흐름을 잃는다. 유연하게 강의 흐름을 포용하되, 바다로 향하는 먼 지향점을 잃지 않는 것, 이것이 강둑의 자리일 것이다. 5월, 나의 강폭은 적절한가.

5월은 공휴일에, 무슨무슨 행사 등 바깥활동이 절반 가까이 된다. 자칫 방심하면, 학급 분위기는 공중에 뜨기 쉽고, 교사는 교사대로 전체를 단속하느라 골머리를 앓게 마련이다. 이런 때일수록 일상과 행사를 구분하여 차분한 안정감을 유지하는 것이 관건이 된다. 행사를 치를 때는 기왕 노는 것 학급 단합대회 같은 것도 곁들여 흐벅지게 놀되, 후일담 쓰기, 사진 전시회 같은 사후활동을 꼼꼼하게 챙겨 그저 놀고 마는 후유증을 최소화해야 한다. 또한 모둠일기가 되었든, 홀짝일기가 되었든 교감을 나누는 끈도 놓치지 말아야 한다. 행사가 많은 5월이 일기 쓰기의 고비가 된다. 이런 때일수록 벌어지기 쉬운 아이들 사이의 틈은 멘토 그룹을 활용하는 것이 효과적이다. 담임 혼자 고군분투하다 보면 보람은커녕 상처투성이가 되어 홀로 쓰러지기 쉽다.

아침—배터리 충전 시간

이 지점에서 하루를 복기해 보는 것도 의미 있는 일이겠다.

출근 후 차를 마시며, 특별 전달사항 여부를 파악한 뒤 8시 30분쯤 교실로 간다. 입실 전엔 화장실에 들러 표정 살피는 일을 잊지 않는다. 그렇잖아도 늙고 덥수룩하거늘 아침부터 딱딱한 빵 껍질 같은 표정으로 아이들을 만날 수는 없다. 가겨고교구규 양치질 하듯 입을 벌리고 오므리며 굳은 근육을 편다.

1학기 때는 아침자습 시간에 굳이 무엇을 해야 한다고 못 박지 않았다. 워낙 시간에 쫓기는 아이들이다. 숙제를 해도 좋고, 공부를 해도 좋고, 책을 읽어도 좋으니, 옆 친구들에게 방해만 주지 말자고 했다. 무엇을 해야 한다고 규정하는 순간 또 다른 부담이 된다. 이렇게 풀어 놓은 즉 아이들의 특성을 살피기에 딱 좋다.

교실에 들어설 때는 뒷문을 택한다. 지나치게 소란하여 큰 소리로 수습해야 하는 경우를 빼고는, 구태여 요란하게 담임의 등장을 알리지 않는다. 가만가만 사물을 정돈하거나 휴지를 줍고, 아이들 사이를 돌며 기색을 살핀다. 어제 조퇴한 녀석에게는 귓속말로 "이제 괜찮냐"고 안부도 묻고, 허브 화분을 흔들어 향기를 흩뿌려 주기도 한다. 빈 자리가 있으면 슬쩍 끼어 앉아 한자 숙제를 하느라 낑낑거리는 놈들을 돕기도 한다. "열 글자 써 주는데 사탕 하나, 어때?" 조건이 지나치다고 도리질을 해도 어거지로 공책을 뺏어다가 스무 칸 쯤 채우고 돌려준다. 좋아, 이건 모닝서비스야.

강적을 맞닥뜨릴 때도 있다. 김민주. 옆 짝 의자에 다리를 척 걸친 채 보란 듯 핸드폰 게임을 하고 있다.(학교 규정상 핸드폰을 가져오지 못하게 돼 있다.) 신경이 딱 곤두선다. 공부는 좀 하는 녀석인데 늘 짜증스런 표정

    이상대의 4050 학급살림 이야기

을 덕지덕지 달고 산다. 건들면 언제든 탱, 튕겨 오를 준비가 돼 있는, 사람을 아주 불편하게 만드는 놈이다. 그래도 마음을 다스리고, 손가락으로 책상을 두드려 눈짓을 하거나, 폴더를 닫아 가방 속에 넣어 준다. 거의 다 끝나간다고 비명을 질러도 짐짓 외면한다. 조만간 집을 찾아가거나 따로 만나 '진검 승부'를 해야 할 수순을 머릿속으로 챙겨 둔다. 엄마라면 질겁하는 것으로 보아 집에서 겪는 스트레스가 이만저만이 아닐 것이다. ―학급을 한 바퀴 도는 이런 순례는 10분이면 충분하다.

나머지 시간을 이용하여, 한 주에 한두 번씩 빔프로젝터로 5분짜리 〈지식채널ⓔ〉를 본다. 옆 동료에게 협조를 구하여 얻은 것인데, 주제나 압축성, 속도감에서 이 가볍기 짝이 없는 철부지들을 교화시키기에 적절하다. 성찰―진중권 말마따나 속 좁은 이해관계를 떠나 정말로 인간답게 살기 위해서는 반드시 갖추어야 할 '앎'들이 있는 것이다.
며칠 전엔 '나는 다만 달릴 뿐이다' 편을 보았다. 아베베. 맨발로 올림픽을 2연패 하고, 교통사고로 하반신을 잃은 뒤에도 자신과의 싸움을 포기하지 않았던 사람, 그의 늙은 얼굴 위로 지나는 자막에 아이들의 시선이 모였다.
―남과 경쟁하여 이기는 것보다 나의 고통을 이겨내는 것을 생각한다. 나의 고통과 괴로움에 지지 않고 끝까지 달렸을 때 그것은 승리로 연결되었다.
아이들이 〈지식채널ⓔ〉를 보는 동안 나는 칠판에 전달 사항을 쓴다. 그리고 잠시 기다렸다가 간단하게 한 줄짜리 아침 조회를 한다.

"오늘 할 일은 칠판을 참고해라. 자, 오늘 하루도 열심히 살고, 이따 밥 먹을 때 보자."

가능한 아침 시간엔 큰 소리를 내거나 꾸짖는 일을 경계한다.

시작이 사나우면 온종일 우울하고 급기야는 수업조차 엉키고 틀어진다. 이 시간에 '밧데리'를 빵빵하게 충전하지 않으면 하루가 피곤해지는 것이다. 아이들도 마찬가지일 것이다. 그러니 전날 저녁 최소한 30분 이상 투자하는 수고를 감수할 수밖에 없다. 영상 자료를 미리 살피고, 혹 꾸짖을 녀석들이(청소를 땡땡이 쳤다거나, 다툼의 여진이 남아 있다거나) 있다면 쪽지 편지라도 써야 한다. 사안에 따라 다르겠으나, 사소한 것이라면 다음 날 아침에 건네 주는 쪽지 편지 한 장이 효과 면에서 꾸지람보다는 몇 배 효험이 있다. 어쨌거나 담임 노릇이란 것이 교문을 나선다고 끝나는 것이 아니니, 에구! 누가 알아주겠는가.

점심 시간을 함께 하는 이유는

내 밥 먹는 시간을 뒤로 돌리더라도, 아이들 점심 배식은 꼭 지킨다. 먹는 것에 온갖 극성을 떠는 중2 남자아이들의 식탐과 무질서는 자기 조절이 힘든 터, 현재로선 담임이 끼어들 수밖에 없다. 방치했다가는 힘 순서대로 반찬량이 결정된다. 배식을 돕다 보면, 아이들 식판에 밥이나 반찬을 얹어 주며 수다를 떠는 재미도 있고, 개개인의 먹성이나 반찬 선호도, 체질도 알게 된다. 김치를 안 받으려는 녀석에게는 악착같이 한두 조각

　　　　　　　　　　　　이상대의 4050 학급살림 이야기

이라도 올려주며 협박을 한다.

―임마, 발효 음식을 먹어야 똥이 쑥쑥 잘 나오지!

―앗, 샘! 밥 먹는데 더럽게 웬 똥 이야기!

―그러니까 김치 먹어! 똥 잘 싸는 놈이 공부도 잘 해!

밥 먹고 난 뒤 (이미 이야기했듯) 나 홀로 교실 청소를 한다. 교실이 깨끗하면 학급 분위기가 달라 보인다. 담임이 이렇게 나서서 청소를 하면 녀석들도 언젠가는 그 습관을 익히겠지, 그런 믿음을 가지고 한다. 최대한 간단하게 청소를 마친 뒤, 교실 구석에 모여 수다를 떠는 녀석들을 운동장으로 내쫓는다. 시험 준비다 뭐다 해서 그렇잖아도 그늘살이가 많은 터에 이런 때라도 햇볕을 쬐게 해야 한다. 5월 햇살은 얼마나 찬란한가.

그러다 보면 교실엔 참고서를 붙들고 있는 대여섯 상위권 아이들만 남는다. 불쌍한 청춘들! 위로 삼아 사탕이라도 하나씩 쥐여 준다. 그렇지만 요 녀석들은 조만간 내게 구박깨나 당할 것이다. 중간고사 성적이 나오면 제 일착으로 늘 상위권 아이들을 불러 집단상담 겸 협박(?)을 하곤 했다.

―공부하느라 고생했다. 대견하다. 그치만 명심해야 할 것이 있다. 요즘 같은 학벌 사회에서 확률상 너희들은 친구들보다 빠르게 높은 자리, 혹은 영향력 있는 직종으로 진출하게 될 것이다. 그래서 너희들의 품성이 중요하다. 너희들이 싸가지가 있어야 세상도 싸가지 있게 돌아간다. 너희같이 똑똑한 친구들이 저 혼자 살겠다고 제 욕심에 집착하는 순간, 세상도 그렇게 돌아간다. 모든 게 너희들 됨됨이에 달렸다. 공부가 중요한

만큼 힘든 친구들을 말없이 돕고, 궂은 일에 먼저 나서는 겸손과 봉사도 중요하다. 앞으로 샘은 너희들의 싸가지를 아주 엄하게 다룰 것이다. 며칠 뒤에 다시 모일 것이니 그때는 각자 학습 정보도 나누고, 학급을 위해서 할 수 있는 일을 각자 하나씩 궁리해 보자. 이상!

몇은 황망한 표정을 짓기도 하지만, 설령 그럴지라도 가르칠 것은 가르쳐야 한다. 손길이 필요한 아이들에게만 집중했다가는 이 녀석들을 놓치게 된다.

이렇게 교실을 돌고, 도서실에 들러서 아는 놈들과 인사를 나누다 보면 얼추 점심 시간 끝 무렵이다. 홀짝일기에 댓글을 쓰고, 숨어서 담배를 한 대 피며 5교시를 준비한다.

따로종례라는 것

한때 노래종례나 모둠종례를 안 해 본 것은 아니나, 여기 놈들은 학원이다 뭐다 시간에 쫓겨 무엇을 해도 '언제 끝나요'를 연발하는 형국이니 아예 엄두를 낼 형편이 못 된다. 종례는 실무 중심으로 간결하게 끝내고, 청소 시간을 길게 잡아 요일별 당번들과 대화 시간을 확보하는 것이 오히려 효과적이다. 그래야 과자 파티 시간도 풍성해진다. 그러나 곧 '따로종례'를 해야 할 때가 임박했음을 예감한다.

4월이 지날 무렵이면 특히 남자아이들의 기세가 등등해진다. (우리 학교는 남학생이 여학생의 두 배에 가깝다. 남자 29명, 여자 15명) 사정이 그런 즉, 수업 시간에 일단 뛰는 것을 자랑으로 삼고, 교실 앞뒤 전후좌우에서 공놀이, 물싸움도 서슴지 않는다. 어찌 이맘때 아이들은 남녀의 정서 연령 차이가 이토록 심하단 말인가. 여학생들의 불평과 불만이 극에 이른다.

따로종례는 이런 때 적합하다. 남녀를 따로 갈라 종례를 하는 것이다. 남자아이들 때문에 여자들까지 싸잡아 혼내는 낭비도 줄이고, 솔직하게 성별 약진을 당부할 수도 있다.

일단 여자애들 먼저 귀가시키고 남자만 따로 남으라 하면 뭔 일 났나 싶어 바짝 긴장한다. 복도에서 기다리는 친구들도 모두 보낸다. 그런 뒤 짐짓 표정을 경건히 다듬고, "이놈들아, 같은 남자로서 여자애들한테 진짜 쪽팔릴 때가 많다. 지금부터 하는 이야기는 우리만 비밀로 하는 거다."로 시작해서 하고 싶은 이야기를 확 털어놓는다. 여자아이들 중 누군가가 한 남자애를 은근히 좋아하고 있었는데, 그 녀석이 이러저러한 주책을 부리는 바람에 마음이 확 돌아섰다는 이야기 같은 것으로 여자아이들의 정서적 태도를 이해시키기도 하고, 언젠가 누구의 이런 태도 때문에 내가 감동을 먹었다는 이야기, 혹은 실망한 사례 등을 통해 긍정적인 태도는 추켜 주고, 하지 말아야 될 행동은 확실하게 못을 박는다.

— 너희들이 여자애들이나 샘들께 진정 존중받고 사랑받았으면 좋겠다. 말, 특히 욕 좀 줄이자. 너희들의 품격을 떨어뜨리는 결정적인 요소다. 그리고 특별히 부탁하건대 심성이 착하고 여려서 그룹에 끼지 못하고 겉도는 누구 같은 여자애들을 오히려 너그럽게 따뜻하게 대해 주거라. 착하고 소박한 사람이 존중받는 학급, 그런 거라면 마음이 크고 넓은 너희들이 잘 할 수 있을 것이다. 나도 도울 것이니 멋진 사람으로 거듭나자.

혹시 힘든 거 있으면 언제든 내려오고. 어쨌든 파이팅하자!

그런 뒤에 아이스크림을 하나씩 나누어 먹으며 청소를 하고 마무리한다. 남자들만 모였다는 은밀한 공범의식이 뭔가 결의 같은 것을 느끼게 한다.

그 다음 날은 여학생 종례. 여자아이들에겐 진심을 담아 칭찬과 격려를 아끼지 않는다.

―요란벅적, 유치찬란한 사내 녀석들이 득실거리는 우리 반이 그래도 이런 정도로 유지되는 것은 다 너희들 덕분이다. 수업 준비도 잘 챙기고, 홀짝일기도 잘 건사하고 그래서 선생님이 많이 고맙다. 물상 샘도 우리 반 여학생들이 최고라며 손을 꼽더라.

그런 뒤에 남자아이들의 특성(튀는 것으로 인정받으려는 식의)을 이해시키기도 하고, 성적인 농담이나 야유 같은 것은 사납게 굴어서라도 못을 박을 것이며, 숙제나 준비물 등으로 쩔쩔 맬 때는 은덕을 베풀도록 특별히 당부하기도 한다. 칭찬과 격려가 오간 뒤의 아이스크림은 단맛이 깊다.

물론 한두 번 따로 만났다고 아이들이 금세 개과천선하는 것은 아니지만, 뭔가 부쩍 가까워졌다는 느낌은 확연하다. 혹시 따로종례 때 시간이 없다며 집에 가야겠다고 튕기는 아이가 있다면 그때는 과감하게 보내되, 나중에 괜히 빠졌다며 땅을 치며 후회하도록 보람찬 시간을 보내면 된다.

행운권 추첨, 중간 매듭을 짓는 묘미

일과를 챙기는 중에 중간중간 매듭을 짓고 가는 것도 나름 묘미가 있다. 행운권 추첨—여러 방면에서 성실하게 제 몫을 해내는 아이들을 눈 여겨 보았다가 두어 달에 한 번씩 이들에게 행운권을 뽑을 권리를 주는 것이다. 상벌제의 부작용이 없는 것은 아니나, 그래도 열심히 하는 아이들을 등 두드려 줄 수 있다는 점에서 순기능이 크다. 5월은 행사가 많으니 뒤처리할 일도 많다. 대략 큰 행사가 수습되면, 어느 하루를 골라 쪽지통신에 이렇게 확 터뜨려 버리는 것이다.

예고했던 5월 행운권 뽑을 친구를 발표합니다. 두두두둥!

학급 혹은 친구를 위해 말없이 봉사한 친구, 자기 할 일을 열심히 한 친구들을 우선해서 뽑았습니다. 샘의 평소 관찰과 회장, 부회장의 귀띔, 교과 선생님들의 칭찬 정보 등을 참고했답니다.

○ 어떤 친구들인가
- 홀짝일기를 열라 열심히 쓴 친구 : 현, 현희, 지오
- 교내 육상대회에 학급 대표로 출전해서 땀 흘린 친구 : 승이, 홍이, 군이, 동우, 준이, 연이, 은이
- 샘 출장 간 날 청소를 열심히 했다고 부담임 샘께 칭찬받은 친구 : 주이, 식이, 근이

• 과학의 날 행사 때 그 많은 쓰레기를 싸악 치워 낸 장한 친구들 : 현두, 혁
  인이, 철이
• 창가의 허브를 하나도 죽이지 않고 잘 키우는 원예선수 : 유선과 경주
• 게시물 전시에 좋은 작품을 낸 친구 : 미래, 은이, 선이
• 학생부에 잡혀간 친구를 한 시간이나 기다려 준 의리파 : 동건(홀짝일기에
  적혀 있었어요.)
• 보너스! 상대 샘을 잘 생겼다고 평가한 바른 안목을 가진 착한 친구ㅎㅎ :
  윤이

○ **5월 행운권에 담긴 상품은 요런 것**
• 자리지정권(1회) 3명, 5천원 문화상품권 2명, 청소면제권 2명, 소설 《로그
  인하시겠습니까》 3명, 그림책 《종이밥》(샘이 울면서 읽었지요.) 2명, 부모
  님께 용돈 3천원을 청구할 수 있는 쿠폰 1명, 나머지는 왕사탕 5알! 꽝은
  없습니다.

어쨌거나 5월은 번잡하고 바쁘다.

행사 뒤처리에 중간고사 성적 상담에, 차분하게 하나씩 짚고 간다 해도
놓치는 것이 많다. 떠도는 우스갯소리가 하나 있다. ―아주 깔끔스러운
선생이 있었다. 어느 날 수업을 들어갔는데, 교실이 몹시 지저분했다. 그
는 불문곡직 주번을 나오라 해서 엎어 놓고 볼기를 쳤다. 교실이 이게 뭐
야, 임마! 그런 중에 뒷문으로 학생 하나가 대걸레를 들고 들어왔다. "너

뭐야?" "주번인데요." 교사는 눈을 크게 뜨고 볼기를 맞던 아이에게 물었다. 그럼, 너는?

"구번인데요."

단순히 우스갯소리이겠는가. 그저 단속과 수습에 집중하다 보면 이런 식의 황망함이 도처에서 불거진다. 그래서 바쁠수록 메모가 중요하다. 교단 일기가 되었든 교무수첩 메모가 되었든 기록을 해 두면 놓치고 가는 것을 반으로 줄일 수 있다. 교사의 깜박증은 어떤 아이들에겐 고통이 된다.

참, 스승의 날이 있다. 어찌 보내야 하는가 고민하다가 선물 가져오지 마라, 꽃 가져오지 마라, 너희들이 내겐 꽃이다, 이렇게 쪽지통신에 써서 나눠 줬더니 한 놈이 웃으면서 그런다.

— 이거 은근 강요 같은데요?

덱끼 놈! 고함을 쳐놓고는 그날 저녁 할인매장에 들러 아이들 숫자만큼 초콜릿을 샀다. '그대들이 있어 스승의 날이 있다. 그대들과 더불어 행복한 오월을 지내고 싶다. 처음 만났던 설렘으로 그렇게 1년을 가자!' 이런 쪽지를 곁들여 하나씩 포장하고 있으려니 지켜보던 아내가 타박을 한다.

— 어이구, 쉰 노인네 정성이 하늘에 닿겠네. 그 정성 백분지 일만 나한테 바치면 평생 업고 다니겠구만.

구박을 받은들 어떠랴. 이래야 마음이 편커늘. 감사하는 것도 가르침 아니겠는가.

2008. 5. 9. (금) | 203 허브통신 | 11호

시험 보느라 고생했습니다.

시험을 잘 본 친구도 있을 것이고, 노력만큼 결과가 나오지 않은 친구도 있을 것입니다. 이미 치른 시험, 너무 결과에 매달리지 말고, 이번 시험 결과의 교훈을 바탕으로 차분하게 다음 일정을 준비합시다. 하루하루가 충실할 때 좋을 결과가 옵니다. 그런데, 요즘 우리 반은 너무 소란스럽고 산만하답니다. 선생님들이 힘들어하고 있습니다.

상복이 터졌습니다.

4월에 여러 행사가 진행되었는데, 여기서 우리 반 친구들이 대거 입상을 했습니다. 열심히 노력한 친구들에게 사랑과 축하의 뜻을 전합니다.

• 영어 말하기 대회 : 미래 장려상 (발음이 아주 끝내 줬습니다.)

• 과학의 날 과학/환경 독후감 쓰기 : 선이 금상

• 과학의 날 모형 항공기 부문(고무 동력기) : 승이 은상, 범이 동상

• 과학의 날 프라모델 조립 부문 : 동건 동상 (난생 처음 상장을 받았다는 ㅋㅋ)

육상대회에 학급 대표로 참가한 친구들, 땀 많이 흘렸습니다.

어제 교내 육상경기 대회가 열렸습니다. 귀찮고 힘들다고 대부분 피하는 대표 자리를 떠맡아 출전한 승이, 홍이, 동우, 군이, 준이, 연이, 은이를 왕창 칭찬하고 싶습니다. 입상에 관계없이 가장 힘든 부문(800m)을 맡아 뛴 동우, 자신은 없지만 맡겨졌으므로 웃으면서(부끄러워하면서) 투포환에 출전한 은이가 참 대견했습니

다. 이런 친구들이 흘린 땀이 좋은 세상을 만드는 밑거름이 됩니다. 해서 이들 모두를 5월 중순경에 있을 행운권 추첨 대상자에 올립니다.

어제 어버이날이었는데

어떻게 꽃이라도 한 송이 드렸나요? 엄마 아빠 고맙다는 쪽지 편지라도 썼나요? 오늘이라도 늦지 않았습니다. 집에 가서 한번 안아 드립시다. 아무 조건 없이 그대들을 사랑하는 유일한 분들입니다.

알바생 급구!

책상 낙서가 장난 아닙니다. 물파스를 바르고 닦으면 깨끗해집니다. 오늘 알바할 사람? 선착순 2명

알바비? 협상하여 정합니다. 무료봉사 우대합니다.

****

• 사흘 뒤에 봅시다. 놀토 뒤에 월요일 부처님 오신 날, 그래서 3일 연휴가 이어집니다. 건강 잘 챙기고, TV 뉴스도 잘 지켜보고(광우병의 진실), 책도 좀 읽고 그런 뒤에 화요일 날 만납시다.

샘은 지금 《완득이》라는 소설을 읽고 있습니다. 창비라는 출판사에서 주는 청소년문학상을 받은 소설이라는데 아주 재미있습니다. 우리도 2학기 때 이런 소설 씁니다. 똥포들이 안 쓰면 샘이 씁니다. 참, 이거 다 읽고 나면 누군가에게 선물로 주고 싶은데…… 누구 받을 사람?

참 다음 주 주번은 병준과 민호입니다. 활약을 기대합니다.

六
月

나는 그로부터 20여 년이 흐른 2008년 청계광장에서 그들
의 모습을 다시 보았다. 세상의 중심에서 아이들은 한
단계 진화해 있었다. 그들의 촛불을 지켜보며 나는 만
감이 교차했다. 분명 앞물을 밀어내는 거대한 뒷물이 닥쳐 온
것이다. 그들 옆에서 나는 부끄러운 마음으로 자문하지 않을 수
없었다. — 나는 진화하고 있는가. 당시
처럼 분노할 때 분노하며, 열정은 크고 진화하고 있는가
뜨거운가. 6월이 되면 나는 늘 설렌다.
또 그만큼 부끄러워진다.

담장마다 넝쿨장미가 붉게 피었다.

내게 6월의 기억은 각별하다. 어찌 그날을 잊을 수 있겠는가. 그때도 넝쿨장미가 이토록 붉었다. 89년 전교조 결성 직후, 당시 무더기 징계에 맞서 해직교사들은 일제히 소속 학교로 출근투쟁을 감행했다. 세 명이 쫓겨난 우리도 매일 아침마다 학교를 찾아갔다. 그러나 학교장과 동원된 학부모가 지키는 교문은 거의 철옹성이었다. 그들의 저지가 워낙 완강했기 때문에 우리가 할 수 있는 것은 창가에 매달려 소리를 지르는 아이들을 향해 손을 흔들어 주는 것뿐이었다. 그러다가 수업 종이 울리면 망연하게 교사校舍를 지켜보다 그곳을 떠나오곤 했다.

그런 지 나흘째 되는 날이었다. 돌연 옆 골목에서 위통을 벗어젖힌 한 떼의 남자아이들이 함성을 지르며 몰려나왔다. '선생님을 모시고 들어가겠다' 며 후문을 넘어온 것이었다. 이들의 기세가 워낙 등등했으므로 안에서 교문을 열어 줄 수밖에 없었고, 나는 아이들에게 에워싸여 교실로 들어갔다. 지금도 잊혀지지 않는다. 개봉중학교 3학년 10반― 숨을 고른 뒤, 수업을 하자며 반장이 차렷 경례를 하려는데 뒤쪽에서 누군가 급 제안을 했다. 나머지 선생님도 모셔 오자는 것이었다. 밖을 보니 김 선생과 최 선생이 다시 닫힌 교문 밖에 서 있었다. 일부 아이들이 자리를 박차고 일어섰다. 그때 앞줄의 키 작은 아이가 손을 번쩍 들었다. 대성이란 아이였다.

― 우리는 우리 힘으로 선생님을 모셔 왔습니다. 그러나 이런 단체 행동이 혹시 해직된 선생님들의 순수한 뜻에 어긋나는 것은 아닌지 더 생각해 보고 결정해야 합니다.

돌연한 이의에 아이들이 술렁거렸다.

― 선생님들의 뜻은 옳습니다. 그러니까 우리가 나서지 않아도 선생님들의 진실이 승리할 것입니다. 진리는 아무리 깊은 곳에 잠겨 있어도 언젠가 물 위로 떠올라 승리하게 돼 있습니다.

그러자 한 아이가(기억이 정확하다면 이름이 영호이다.) 일어섰다.

― 그건 말이 안 됩니다. 진리가 어떻게 저절로 떠오릅니까? 누군가 건져 올려야 떠오르는 것 아닙니까? 우리는 지금 나가야 합니다.

아이들 사이에서 "옳소!"가 연창되며 박수가 터졌다. 그러자 또 누군가 맞받아 소리쳤다.

― 대성이 의견에 찬성합니다. 우리는 우리가 다 컸다고 믿지만 어른들

은 철부지로 봅니다. 일이 커지면 공부하기 싫은 놈들이 데모를 일으켰다고 그럴 겁니다. 괜히 선생님들만 욕먹습니다.

— 아닙니다. 우리도 알 건 압니다. 우리도 의견을 표현해야 합니다.

— 맞습니다. 선생님들을 모셔서 이야기를 들어 봅시다. 우리는 아직도 이 일에 대해 한 번도 선생님들의 말씀을 들은 적이 없습니다.

시간 내내 열띤 공방이 거듭되었다. 누가 사회를 보는 것도 아닌데 회의는 질서 정연했으며, 뜨겁고 격렬했다. 나는 이제껏 그렇게 진지한 회의를 본 적이 없었다. 평상시에는 회의하자고 하면 코나 후비던 녀석들이었다. 교장 선생님께 선생님들의 공식적인 인사 자리를 요구하자는 쪽으로 의견이 모아질 무렵, 한 아이가 손을 들었다. 그 토론 틈에서 나를 보았던 것이다.

— 우리는 선생님을 모셔다 놓고 아직 한 말씀도 못 들었습니다. 선생님께 시간을 드립시다.

그제야 아이들은 옷매무새를 고치고 나를 향해 앉았다. 그때 끝 종이 울렸다. 수업이 끝난 이웃 반 여자애들이 창가로 몰려들었다. 나는 아무 말도 할 수 없었다. 한참을 있다가 더듬거리며 말했다. 옳고 그름을 따지기에 앞서, 너희들은 너무 근사하게 컸다고, 바로 이런 과정을 가르치고 싶었다고, 이토록 순결한 너희들이 가능성이고 힘이라고, 내가 지금 할 수 있다면 너희들 손등에 일일이 입맞춤이라도 하고 싶다고.

그것은 과장없는 솔직한 나의 심정이었다. 누군가의 선창으로 스승의 노래가 시작되었다. 복도에 있는 아이들도 창틀을 잡고 노래를 따라 불렀다. 나는 뿌옇게 흐려지는 시야 때문에 아이들의 얼굴을 하나도 볼 수가 없었다. 그것을 마지막으로 학교를 쫓겨나 4년을 밖에서 지냈다. 생활은 고되었으나 슬프지는 않았다. 어디를 가도 그 노래가 따라 다녔다.

그로부터 20여 년이 흐른 2008년 청계광장에서 그들의 모습을 다시 보았다. 세상의 중심에서 아이들은 한 단계 진화해 있었다. 그들의 촛불을 지켜보며 나는 만감이 교차했다. 분명 앞물을 밀어내는 거대한 뒷물이 닥쳐 온 것이다. 그들 옆에서 나는 부끄러운 마음으로 자문하지 않을 수 없었다.

— 나는 진화하고 있는가. 당시처럼 분노할 때 분노하며, 열정은 크고 뜨거운가.

6월이 되면 나는 늘 설렌다. 또 그만큼 부끄러워진다.

행사 유감

5월 하순에 사생 대회를 다녀왔다. 그때 찍은 사진과 여러 결과물을 이리저리 각색하여 게시판에 붙여 놓았더니, 교실 뒤쪽이 시끌벅적했다. 특히 '최악의 작품 베스트5' 라는 제목으로 붙여 놓은 그림에 대한 반응이 컸다. 사생 대회 당일, 미술 수행평가에 반영된다고 누누이 공지했음에도 개뿔이나 그림은, 하며 자전거를 타고 놀았던 놈들의 작품은 가관이었다. 풍경화라는 것이 3색 포스터를 방불케 했고, 또 어떤 것은 무슨 어탁 찍듯 달랑 물고기만 몇 마리 그려 놓았다. 물어보니, 호수 근처에서 본 잉어를 그린 것이란다. 그래놓고 저희들끼리 희희낙락이다. 그들의 게으름을 추켜 주자는 것이 아니라 이야깃거리를 찾자는 것이니, 평소 별말이 없던 진재는 이후 천재 화가라는 별명으로 말트기가 한결 수월해 졌다. 그나저나 백일장이나, 사생 대회, 합창 대회, 수련회 따위의 관행 적 행사는 지나치게 고루하다. 상황이 거듭 변했음에도 몇십 년째 똑같 은 형식을 고집하고 있다. 상상력도 없고 신명도 없다. 학기 중에 자연으 로 나가는 것도 나름 의미는 있겠지만, 이럴 거면 차라리 반별로 테마를 정해서 자율적으로 활동하게 하든지, 아니면 본격적으로 행사 취지를 구 현할 방안을 찾는 것이 낫다. 학교 가까운 곳에 행주산성이 있다. 역사적 의미도 깊고 경관도 수려하다. 차라리 소규모 학급으로 묶어 이런 곳에 서 경관을 그리든지, 역사를 상상하여 그리든지, 글을 쓰든지, 형식을 열 어 놓고 궁리하면 훨씬 의미 있는 하루가 되지 않겠는가. 지금 대회는 누 구를 위한 것인지 참 애매하기 짝이 없다. 좋은 사례가 공유되었으면 좋 겠다.

누구를 위한 자리 배치인가

이야기가 나온 김에 자리 배치 이야기도 해 보자.

우리 반은 한 달에 두 번 자리를 바꿔 앉는다. 한 번은 추첨을 통해 정하 고, 또 한 번은 '나는 누구와 어디쯤에 앉고 싶다' 는 희망을 받아 정한 다. 각자 원하는 상대나 자리 위치가 겹치기도 하여 백 퍼센트 아이들의 희망대로 이루어지진 않지만, 희망원을 받아서 한다는 것 때문인지 큰 불만은 없다. 옆 동료들은 한마디씩 한다.

—친한 놈들끼리 앉히면 떠들고 장난이나 치지 머리 맞대고 공부하겠어?

물론 그럴 수 있다. 그러나 매시간 바꿔 들어오는 교사마다 높은 강도의 최선을 요구하는 판에 자리 조건이라도 편안해야 하지 않겠는가. 사실 자리 배치에 관한 한 누구를 위한 것인가 곰곰이 따져볼 필요가 있다.

가끔 아이들이 돌아간 뒤, 그들의 자리에 앉아 본다. 교탁에서 바라볼 때와는 느낌이 사뭇 다르다. 그렇게 앉아 매시간 바꿔 들어오는 6, 7명의 교사들을 상상해 본다. 똑같이 정숙을 요구하고, 한 치의 흐트러짐도 용납하지 않는다. 전 시간의 수업이 어떤 강도였는지 고려하지도 않는다. 그런 내내 아이들은 얼마나 숨 막힐 것인가. 게다가 의자는 비좁고 딱딱하다. 아이들 자리에 앉아 보면, 짝이라도 마음 편한 친구였으면 하는 그들의 바람이 충분히 공감이 되는 것이다.

관건은 동료들의 지적대로 원하는 자리에 원하는 짝과 앉혔을 경우의 수업 분위기이다. 그런데 막상 희망원을 받아 보면 친한 친구만을 원하지는 않는다. 아무나 상관없어요, 하는 녀석도 있고, 시험 때가 임박해서는 공부를 도와줄 차분한 짝을 원하는 아이들도 많다. 때에 따라서는 이성 호감도에 따라 짝을 '찍기'도 한다. 사실 짝을 어떻게 배치해도 떠들 놈은 떠들고, 공부할 놈은 공부한다. 또한 엄격하게 따지자면, 수업의 분위기는 아이들의 자리가 결정하기보다는 교사의 수업장력이 결정하는 것 아니겠는가. (그래도 철없는 청춘들이니 만일에 대비해서 수업 시간에 소란하다고 자주 지적을 받은 커플은 영원히 같이 앉지 못한다는 단서 조항을 달기는 했다. 이때 기왕 희망원을 받는 김에 다른 설문도 추가하여 학급 동정

을 살핀다. 〈6월 자료 1〉 참고)

희망원을 받아 자리를 배치하니, 무엇보다 자리 바꿔 앉았다고 혼낼 일이 없어서 좋다. 수업 시간마다 몰래 자리를 바꿔 앉는 놈을 적발해서 혼내는 것도 사실 이만저만한 스트레스가 아니다. 아울러 아이들의 친구 관계나 이성 호감도도 어느 정도 펠 수 있다. 어떤 녀석들은 자리 조정 즈음해서 노골적으로 청탁을 넣기도 한다. 누구에게 관심이 있는데, 옆에 앉으면 표시 나니까 바로 뒤에 앉게 해달라는 식의. 어쨌거나 자리가 정해지고 나면 이런저런 사유로 쪽지 편지 쓸 일이 많아진다.

현이가 다른 녀석들처럼 누구누구를 고집하지 않고 아무나 괜찮다고 인심을 쓴 덕분에 일이 쉽게 풀렸다. 현이는 넉넉하고 대범해서 좋다. 핑계 김에 부탁하나 하자. 주이 말이다. 늘 혼자인 것이 영 안타깝고 그렇다. 혼자 밥 먹고 혼자 도서실 가고 그런 것이 벌써 두 달째다. 나도 신경 쓰겠지만, 가끔 말도 걸어 주고, 학용품도 빌려 쓰고, 점심도 좀 챙기렴. 네가 그리하면 다른 친구들도 좀 편하게 대하지 않겠느냐. 그래서 이번에 네 짝으로 배치했다. 아무래도 네가 든든하고 미덥구나.

교과 선생님과 다리 놓기

5월을 넘어서면서 아이들의 각개약진만큼이나 신경 쓰이는 것이 교과 선생님과의 관계이다. 이때쯤이면 수업 분위기가 너나없이 곤두박질치기 때문이다. 앞서 말했듯 담임의 할 일 가운데 하나가, 반 아이들과 교과 선생님들이 서로 유쾌하게 수업할 수 있도록 뒤에서 돕는 것이다. 특히 우리 반처럼 고만고만한 녀석들이 사방에서 뽀스락거리는 경우에는 더할 나위없다. (각 교과 선생님이 고전하는 모습이 눈에 밟혀 차마 '힘드시지요?' 하고 묻지도 못한다.) 이런 경우 '수업 시간에 떠들다 걸리면 가만두지 않겠다.' 라는 식의 협박만으로는 해결 난망이다. 그래서 이즈음엔 교과 선생님들에게 응원 메시지를 보내는 것에 특별한 관심을 기울인다. 아무래도 선생님의 파이팅이 관건이기 때문이다.

어느 날은 급식지도 차 교실에 올라갔더니 복도 끝에서 몇 녀석이 수학 선생님께 꾸지람을 듣고 있다. 채 수업이 끝나지도 않았는데, 끝 종이 울리자 밥을 먹겠다고 교실 문을 박차고 나온 것이다. 그것도 시간 내내 떠들던 녀석들이. 당연히 꾸중을 들을 만했다. 결국 녀석들에게 '빽빽이 반성문' 이 벌로 떨어져, 다음 날 아침에 보니 입을 한 발이나 내밀고 반성문 쓰느라 여념이 없었다. 그런데 다음 쉬는 시간에 그 중 한 녀석이 입이 귀에 걸린 채 달려왔다.

— 수학 샘이 제 반성문 읽고 감동 받았대요. 글을 짱 잘 쓴대요. 저도 저한테 그런 재주가 있는 줄 몰랐어요.

— 그래, 참 장하다, 이 녀석아!

그날 점심 시간에 일부러 그 선생님 옆자리에 앉아 고맙다는 인사를 전했다.

— 민호 녀석이 엄청 좋아하더라구요. 혼날 줄 알았는데 오히려 칭찬을 해 주시니 참 고마웠던 모양입니다. 그래서 제가 너희들은 좋은 샘 만나

서 복 받은 거다, 한마디 해 줬지요. 어쨌거나 고생하셨습니다.

아이들의 호의적인 반응은 교사에게 활력이 된다. 없는 칭찬이라도 지어서 할 참인데 좋은 소재가 있으면 아낄 필요가 없다.

또 그 며칠 뒤엔 국사 선생님이 잠깐 보잔다. 무슨 일인가 여쭈었더니 누구누구 이름을 거명하며 어떤 아이들이냐고 묻는다. 사연인즉, 우리 반 수업을 들어가서 칠판을 보니 뭔 그림이 있더란다. 자세히 보니 곱슬파마를 한 자신의 초상을 보란 듯이 그려 놓고, 그 옆에 큼지막하게 'Fuck you' 라고 써 놓았더라는 것이다. 보고 지우지 않은 놈들도 나쁘지만 우선 교사를 욕보인 당사자들을 생활부로 넘겨야겠다고 했다. 내가 대신 사죄했지만, 당신의 섭섭함은 쉽게 가시지 않을 듯했다. 아이들은 아이들대로 별생각 없이 그런 것인데 국사 샘이 그렇게 노여워하실 줄을 몰랐다며 쩔쩔맸다. 아이들에게 사흘 봉사활동 벌이 떨어지고 난 뒤, 학급 일기를 보니 이런 구절이 보였다.

그나마 우리와 사이가 좋았던 샘이 국사 샘이셨는데 그 사건 이후 아주 서먹해졌다. 이제 우리 반은 매 시간 지적받고 혼나느라 정신없다.
공공의 적?

그래서 바로 그 글을 번안해서 국사 선생님에게 메신저로 날렸다.

샘, 아이들 때문에 많이 속상하셨지요? 그래도 아이들 일기를 보니 샘을 많이 믿고 의지했던 것 같은데……. 마지막 응원군까지 떨어져 나갔다고 저희들끼리 발등을 찍고 있네요. ㅠㅠ. 조속히 기운을 차리셔서 다시 불쌍한 3반 동포들을 거둬 주셔요. 담임 역량이 모자라서 늘 샘들께 민폐를 끼칩니다. 샘, 힘내셔요.

교과 교사와 아이들의 관계 복원에 공을 들이는 것은 그 문제가 단순히 그 자체에 머물지 않기 때문이다. 사실, 교사만큼 고단하고 외로운 직업도 없다. 각개 교실에서 벌이는 외로운 투쟁을 뉘라서 알까. 교사들끼리라도 서로 돕고 격려하며, 으쌰으쌰 힘을 내야 하는 것이다. 그런 점에서 교과 선생님을 돕는 것은 곧 스스로를 돕는 길이 된다. 홀짝일기를 읽다가 혹 다른 교과 교사의 (긍정적인) 이야기가 나오면 해당 교사에게 직접 댓글을 부탁하는 연유도 그 때문이다.

6월이다.
가파르게 상승하는 날씨만큼이나 힘든 고빗길이 기다리고 있는 때이다. 이런 때는 뭔가 새로운 이벤트로 돌파구를 열기보다 소소한 일상사를 안정적으로 챙기는 것이 오히려 도움이 된다. 일상으로 되풀이 되는 일 없이는 배움도 없다.
임원진이나 변치 않고 묵묵하게 제 할 일을 해내는 친구들과 떡볶이 회합이라도 가져볼 요량이라면 이때쯤이 딱 적기이다. 또한 5, 6월 무렵이면 개개인의 장기가 충분히 드러나는 때이니만큼 요소요소에 그들을 적절하게 활용하는 것도 생각해 볼만하다.

얼마 전 퇴근길에 다시 학교로 되돌아오는 여선생을 만났다. 학급에 장염 때문에 수시로 병원을 들락거리는 아이가 하나 있는데, 오늘따라 얼굴이 해쓱해 보여서 '뭐 좀 사줄까' 했더니 알탕을 먹고 싶다고 하더라는 것이다. 그래서 데리고 나가서 한 그릇 같이 먹고 오는 참이라며, 기분 좋게 웃었다. 그 웃음이 그렇게 시원해 보일 수가 없었다. 맞다. 아이들의 못난 점만 겨냥해서 칼을 뽑을 게 아니라, 스스로가 기분 좋게 해낼 수 있는 것으로 소통의 통로를 뚫어 보는 것—덥고 지칠수록 이게 묘방이 될 듯싶다.

번호 _______ 이름 ________________

자리 배치 희망원 (6월)

기간 (2주, 6월 16일~6월 30일)

제 1 지 망

저는 __________와 ____분단 __________쯤에 앉고 싶습니다.

왜? ____

(1지망이 안 된다면) 2지망은?

> **각서** 친한 친구랑 앉았다고 신나게 떠들거나 장난치지 않겠습니다. 만약 교과 선생님께 자주 지적받는 경우, 따로 떨어져 교탁 앞 지정석에 앉아도 울지 않겠습니다.
>
> 사인 __________

안 돼요!!

__________와 __________가 짝을 하면 큰일 납니다. 왜? ____________________

6월 이야기

3월 첫인상과 지금 느낌이 가장 다른 아이가 있다면 누구여요?

☞ 누구 __________________

☞ 어떻게 달라졌는데? _________________________________

5, 6월, 우리 반에서 벌어진 일 가운데 가장 안 좋았던(답답하거나 안타깝거나 슬펐던) 일은?

5, 6월, 우리 반에서 벌어진 일 가운데 가장 유쾌했던 일은?

기타 잘생긴 상대 샘께 하고 싶은 말은? (건의 사항, 개인적인 사정 등)

| 2008. 6. 16. (월) | 203 허브통신 | 15 호 |

오늘의 역사 : 776년 오늘, 몽고 침입으로 고려가 수도를 강화로 옮겼지요. 조선의 유명한 실학자 정약용이 1762년 6월 16일에 태어났고, 60년대 대표적인 참여시인인 김수영이 40년 전 오늘 돌아가셨네요. 샘은 이 시인을 참 좋아합니다. '나는 왜 조그만 일에만 분개하는가' 이 시 읽어 보았나요?

****

축하! 오늘 생일 친구 현오가 오늘 생일이고(앗 정약용과 생일이 같다니!), 이쁘고 귀여운 유정이가 낼 생일입니다. 귀하게 태어난 친구들이니 모두 함께 축하하고, 뽀뽀라도 한 번씩 해 줍시다.

살다 보니 이런 일이!

식당에서 밥을 먹는데, 특활 부장님께서 혁인이 칭찬을 엄청하네요. 딸 있으면 사위삼고 싶다고. 혁인이가 샘 따라서 주말마다 봉사활동을 하는데, 거기서 무척 열심히 한대요. 담임이 잘해서 그런 것도 아닌데 괜히 으쓱해졌답니다. 칭찬 선물로 혁인이, 아니, 혁인이 앞뒤로 앉은 친구들까지 포함하여 아이스크림을 쏘겠습니다. 입 헹구고 기다리셔요.

재미있는 봉사활동 정보 하나!

매월 여러 분야의 전문가와 함께 직업 체험도 하고, 봉사활동 점수(3시간)도 받을 수 있습니다.

- 장　소 : 신월 청소년 문화센터에서 7월 26일(토) 9월 27일(토) 오후 1시~4시에
- 참가비 : 4천원 (간식비 포함)

| 7월 26일 | 체험 직업: 헤어 스타일리스트. 사진기사, 바텐더 (세 가지중 택1) |
| 9월 27일 | 체험 직업: 애견 미용사, 사진기사, 바텐더 (세 가지 중 택1) |

• 신청 및 기타 자세한 것은 선생님께 문의하세요.

• 이번 주 봉사당번은 인이와 준수입니다. 칠판 관리를 특별히 부탁합니다.

지난 주 토요일 날 샘은

광화문 촛불시위를 다녀왔습니다. 몇 만 명쯤 모인 것 같았어요. 똥포들 또래의 학생들도 많이 보였구요. 국가의 역할과 자존심, 국민의 권리 등에 대해 많은 생각을 했답니다. 새벽에 돌아왔는데 하나도 피곤하지 않았어요. 여러분도 이번 주말에 부모님과 손잡고 한번 다녀오세요. 뉴스로 보는 것과 현장에서 직접 참여하는 것은 정말 다릅니다. 역사가 어디에서 시작되는지 피부로 느낄 수 있거든요.

시험 공부하느라 고생하는 여러 똥포들을 위해 잘 생긴 샘이 이야기 한 자락 들려 줍니다.

공부를 하려면 이런 결심 정도는

조선 중종 때 병조판서를 지낸 양연이란 사람은 건달처럼 놀기만 하다가 마흔이 다 되어서야 비로소 글을 배우기 시작했어요. 그것을 한스러이 여긴 그는 공부를 시작하면서 대단한 결심을 했지요.
"지금부터 왼손을 꼭 쥐되, 만일 문장을 이루지 못하면 손을 펴지 않으리라!"
그런 다음 양연은 북한산 어느 절에 들어가 공부를 시작했어요. 나중에 그는 뜻한 대로 과거에 급제했는데, 과거 급제 후 손을 펴보니 손톱이 왼쪽 손바닥을 뚫어 구멍이 나 있었답니다.
진짜 공부를 한다면 이런 결심 정도는 해야지요. 만사 마찬가지입니다.

七月

내 안경은 깨끗한가

7월은 기말고사에 이어 학기 마무리까지 하루하루가 버거울 때이다. 여기에 더위까지 위협적이다. 그래서 일정을 얼마나 잘 다스려 여유를 회복하느냐가 관건이 된다. 어림짐작만으로 일을 챙기다가는 그저 바쁜 마음에 공연히 눈 부릅뜰 일만 많아진다. 학기말로 갈수록 아이들이 거칠어지는 탓이다. 집단 규칙의 위험 수위를 수시로 넘나들며 툭하면 짜증에 상습 지각, 결과, 무단 조퇴……. 울화가 치밀 때가 어디 한두 번인가. 일벌백계의 유혹이 손을 내밀기도 하지만, 이럴 때일수록 계획표를 매만지기도 하며, 바쁠수록 짚어가라는 옛말을 새겨 보기도 하며 스스로를 다독여 자문해 보는 것이다.

7
월

내가 있는 언어교육부는 도서실 옆 별실을 쓴다. 소속 교사 여덟 명 가운데 넷이 담임이다. 3학년 담임이 둘에 1, 2학년 담임이 각각 한 명씩이니 늘상 시끌벅적하다. 교사에게 대들다 끌려오는 녀석에, 도난 사고, 기물 파손, 여기에 아이 문제로 목에 핏대 세우고 달려오는 학부모까지 그냥 조용하게 지나가는 날이 없다. 가끔 옆 동료가 시비 투로 묻는다.

—어떻게 그 반만 조용한 거요, 비결 좀 들어봅시다.

무슨 비결이 있겠는가. 애들 잘 만나 복 터진 거지, 하며 농으로 넘어가긴 하지만, 사실 우리 반이라고 잠잠할 리 없다. 특화시켜 문제 삼자고 하면 더하면 더했지 덜하지 않을 것이다. 다만, 공식적인 문제로 규정하기 전에, 한 번 더 참고 살피며 기다려 줄 뿐이다.

이런 이야기가 있다. 한 노인이 병원을 찾았다. 노인은 전문의를 붙잡고 하소연을 했다.

— 언제부턴가 눈앞이 침침하더니 점점 더 앞이 안 보인다우. 머리도 아프고, 어딘가 단단히 고장이 난 모양이니 잘 살펴 주시오.

그러나 노인의 여기저기를 진단한 의사가 내린 처방은 아주 간단했다. 뿌옇게 흐려진 노인의 안경을 깨끗하게 닦아 준 것이다.

7월은 기말고사에 이어 학기 마무리까지 하루하루가 버거울 때이다. 여기에 더위까지 위협적이다. 그래서 일정을 얼마나 잘 다스려 여유를 회복하느냐가 관건이 된다. 시험 전 그룹 상담은 언제 할지, 이벤트를 한다면 어떤 내용으로 어느 시기에 배치할지, 또한 학기말 평가는 어떻게 할지 등을 미리 달력에 체크하는 밑작업이 필요하다. 어림짐작만으로 일을 챙기다가는 그저 바쁜 마음에 공연히 눈 부릅뜰 일만 많아진다. 학기말로 갈수록 아이들이 거칠어지는 탓이다. 집단 규칙의 위험 수위를 수시로 넘나들며 툭하면 짜증에 상습 지각, 결과, 무단 조퇴……. 울화가 치밀 때가 어디 한두 번인가. 일벌백계의 유혹이 손을 내밀기도 하지만, 이럴 때일수록 계획표를 매만지기도 하며, 바쁠수록 짚어가라는 옛말을 새겨 보기도 하며 스스로를 다독여 자문해 보는 것이다.

— 내 안경은 깨끗한가.

한 번 더 참고 수용하는 것은

확실히 한 번 더 참고 기다려 주는 것이 효험이 있기는 하다.

앞서 이야기했던 그 민주란 놈과 친한 아이 중에 소이가 있다. 용모도 반듯하고 늘 웃음이 넘쳐 느낌이 좋은 아이였는데 민주와 단짝이 되면서 하는 짓도 비슷해졌다. 슬금슬금 등교 시간(8시 30분)을 넘기더니, 6, 7월 들어서는 아침조회까지 빠지는 날이 잦아졌다. 그러던 어느 날인가는 청소를 빼먹고 도망을 쳤다. (다른 것은 몰라도 청소를 빼먹는 일은 다른 친구에게 피해를 끼치는 일이기도 해서 학기 초에 금지 항목으로 못 박은 바 있다.) 다음 날 복도에서 두 아이들과 마주쳤다.

—어제 청소였는데 몰랐니? 너희들 대신에 내가 복도 청소하느라 땀을 뺐다.

—아, 어제 우리 청소였구나! 죄송해요. 오늘 할게요.

모르긴! 어쨌거나 그날은 그렇게 넘어갔는데, 다음 주에 또 빠졌다. 같은 날 청소당번인 남자애들이 쟤들은 만날 도망간다며 툴툴거렸다. 바로 '즉결처분'을 할까 고민하다가, 하루를 더 넘겨 둘에게 짤막하게 편지를 썼다. 아무래도 두 녀석은 속성상 교무실로 끌고 가기보다는 이편이 낫겠다 싶었다. 편지 끝에 이런 말을 덧붙였다.

청소를 하거나 화분에 물 주는 일을 잘 할 수 있다는 민주와 소이의 자기소개서 내용을 다시 읽어 보았다. 그래, 공부니 뭐니 이런저런 문제에 얽혀 힘든 일도 많겠지만, 자신의 할 일을 긍정적으로 나서서 하다 보면 자신도 모르는 에너지가 생기곤 한단다. 그리고 무엇보다 친구들의 신뢰를 얻을 수 있다. 신뢰를 잃으면 다 잃는 것이나 다름없다. 둘 다 현명한 친구니까 잘잘못을 가려 스스로 생활을 잘 꾸려나갈 것이라 믿는다.

그런 며칠 뒤에 소이가 편지를 내밀었다. 교무실에 와서 뜯어보니 어머니가 쓴 편지도 들어 있었다. 아마 딸의 책상을 정리하다가 내가 쓴 편지를 본 모양으로, 죄송하다며 앞으로는 집에서 각별히 신경 써서 지도하겠다는 내용이 몹시 곡진했다. 소이는 소이대로 자기의 잘못과 그 연유를 나열한 뒤, 앞으로는 그런 일이 없을 거라는 반성을 빼곡하게 적었다. 이어, 민주와 짝을 해 주어 감사하다는 인사와 함께 담배는 이제 끊으시라는 잔소리까지 덧붙였다. 이런 식의 잔소리야 백 번 들어도 달다. 아마 내가 직접 부모에게 전화를 넣거나 호출하여 이런 상황을 알렸다면 편지는커녕 두 녀석의 눈꼬리가 찢어졌을 것이다.

민주 표정도 한결 누그러졌다. 그런데 어느 날 보니 교실 휴지를 뜯어다가 책상 위에 수북하게 쌓아 놓았다. 이놈이 또. 말없이 그 모양을 내려다보고 있으니, 엄마에게 물려받은 비염이 요즘 부쩍 심해졌다며 코를 팽팽 푼다. 아프다는데 어쩌겠는가. 미운 놈 떡 하나 더 주랬다고 다음 날 새 것으로 티슈 한 통을 안겨 주었다. 학급 공용 휴지를 그렇게 혼자 다 갖다 쓰면 어찌하느냐, 코 푼 휴지는 뒤처리를 잘 해라, 이런 잔소리 대신 티슈 통 옆면에 경고문을 하나 붙여 주었다.

민주 전용 휴지!
다른 사람이 쓰면 조류독감에 전염되니 손대지 마시오.
코 푼 휴지는 쓰레기통에!

남자아이 여자아이

그나저나 6월 수련회를 다녀온 뒤, 학급 분위기가 좀 달라졌다.

7월로 들어선 지금도 특히 여자아이들 쪽의 신경전이 팽팽하다. 겉보기에는 평안하나 가만히 살펴보면 깨진 유리 붙여 놓은 것처럼 아슬하다. 수련회 당시 여자아이들은 두 개 조로 나뉘어 숙소에 들었는데, 그 과정에서 사단이 생긴 것이다. 평소 친하게 지내던 아이들조차 숙소가 나뉘면서 누가 누구의 뒷담을 했다느니, 안 했다느니 하면서 말다툼이 벌어졌고, 그 다툼이 청문회 형식으로 이어지면서 울고불고 난리가 났던 모양이다. 다음 날 식당에서 급식지도를 하면서 보니 분위기가 냉랭했다. 알아보니 하룻밤 사이에 친구 사이가 확 달라졌단다. 이 친구 위로하다가 저 친구와 찢어지고, 저 친구 달래 주다가 앞 친구와 친해지고, 뭐 이런 식이었던 것이다. 껌처럼 붙어 다니던 민주하고 소이도 갈라섰다고 했다. 세상에나. 방 배정을 책임졌던 회장 현이를 조용히 불러 "샘이 뭣 좀 도와줄까?" 했더니, 고개를 젓는다.

— 샘이 잘못 끼어들면 더 엉켜요. 시간이 지나면 좀 가라앉겠지요.

남자아이들도 일이 있기는 했다. 건물 한 채를 같이 쓰면서 찬이와 준이가 주먹다짐까지 했다는데, 녀석들은 전혀 표시가 없다. 먼저 찬이를 만났는데 참 태평스러웠다.

— 싸웠다며? 다치진 않았어?

— 에이, 그냥 주먹 한두 번 오간 건데요, 다 풀렸어요.

그러고 보니 준이도 표정에 구김이 없다. 녀석은 외국에서 몇 년 살다 온

아이라서, 평소 대화 중에 영어를 많이 섞어 쓴다고 지청구를 받는 편이었다. 녀석도 그런 것에 짜증이 나 있던 참에 한 판 붙고 나서 툭툭 털어버린 눈치였다.

친구 관계에서 여자아이들과 남자아이들은 다른 점이 참 많다. 살펴보면 여자아이들의 우정은 함께 있는 것, 함께 대화를 나누는 것, 함께 어디를 가는 것과 아주 밀접하다. 반면에 남자아이들의 우정은 어떤 활동(이를테면 운동이나 게임 같은)에 대한 관심을 공유할 때 발전한다. 여자아이들의 우정이 둘, 또는 셋이 모여 얼굴을 마주하고 대화를 나누는 것이라면, 남자아이들의 우정은 대부분 공통의 관심사를 향하여 어깨를 나란히 하고 바라보는 것으로 집중되는 것이다. 그런 기질적인 특성은 상담에서도 유효하여, 여자아이들은 동그랗게 둘러앉아 서로 바라보며 대화를 나눌 때 매끈매끈 잘 풀리지만, 남자애들은 벤치 같은 곳에 앉아 간혹 옆구리도 찔러가며 그렇게 이야기를 나누어야 대화에 불편함이 없다.

이런 성차와 관련하여 우리는 좀 더 공부할 필요가 있다. 얼마 전 읽은 《남자아이 여자아이》라는 책은 여러 면에서 자극이 되었다. 선천적으로 남자아이들은 여자아이들에 비해 청력이 월등하게 떨어진다. 저자는 당신 병원에 주의력 결핍증으로 찾아오는 남자아이 중 상당수는 앞자리에 앉히기만 해도 치유가 되었다고 증언하고 있다. 여선생님들이 아이들 보는 앞에서 남자아이들을 혼내는 경우, 왜 그토록 거세게 반항하는가에 대한 눈여겨볼 자료도 들어 있다. 언어중추와 감각중추 사용에 대한 태생적인 차이와 관련하여 '왜 우리 학교는 여자의 신체적 허약은 존중하

면서 남자의 신경적 허약함은 존중하지 않는가.' 라는 마이클 규리언의 지적도 새겨들을 만하다.[*]

작은 생선을 조리듯이

기말고사 즈음하여 분위기가 팽팽하다. 유달리 공부에 집착하는 곳인 탓에 시험을 앞둔 아이들의 분위기도 별스럽다. 이곳 아이들은 시험이 공고되면 오히려 더 수업 분위기가 어수선하고 북적거린다. 옆 선생님 진단에 따르면, 새벽까지 학원에 잡혀 있어야지, 부모의 압박은 엄청나지, 그런 스트레스가 학교에서 일시에 터져 이토록 광란스럽다는 것이다. 시험을 앞두고는 유난히 싸움도 잦다. 어쨌거나 워낙 점수에 집착하고 악착같으니 담임으로서 끼어들 여지가 별로 없다. 전에 있던 학교에서는 어찌하면 아이들 공부를 도와줄까 궁리가 많았는데, 오히려 이곳에서는 녀석들을 위로하느라 바쁘다.

점심 먹고 교실로 올라가면 서너 놈은 어김없이 문제집을 붙들고 있다. 대부분 여학생이다.

―좀 쉬면서 해라. 밥 먹고 그렇게 계속 앉아 있으면 똥배 나온다. 쉴 때 쉬어야 공부도 능률이 오르지. 아까 오다 보니까 화단에 개미 많던데, 우리 그거나 구경 가자. 책에 나온 것처럼 궁둥이를 쳐들고 가는지 끌고 가는지.

[*] 《아들이 아니라 학교가 문제다》 마이클 규리언 · 캐시 스티븐스 지음, 고정아 옮김, 2006

   이상대의 4050 학급살림 이야기

—이번 시험 못 보면 엄마한테 죽어요.

—너만큼 하면 됐지. 우리 아들놈이 너 같으면 업고 다니것다!

—하여튼 안 돼요. 이번엔 93점 못 넘으면 핸폰도 끝이에요.

결국 부모님이 관건인 것이다. 그러나 뒤집어 생각해 보면, 부모님이라고 애를 잡고 싶어 잡겠는가. 게다가 놈들이 사춘기이니 당신은 당신대로 얼마나 속을 끓였겠는가.

학부모통신을 준비할 때가 되었다.

요즘 국어 시간에 애송시 낭송을 하는데 열 놈 가운데 서넛은 부모님과 관련된 시를 읊는다. 한결같이 부모님에게 대들다가 해당 시를 읽고 회개했다는 내용인데, 몇몇 녀석은 감정이 북받쳐서 시를 외다 말고 꺽꺽 울기도 한다. 편지에 그런 내용도 담는다. 양쪽 사정을 다 아는 판에 중재라도 해야 하지 않겠는가.

시험 공부하는 자녀들 챙기시느라 고생 많으시지요?

담임으로서 아이들을 살피다 보면 안타까울 때가 많습니다. (중략) 지금은 당장 눈앞의 점수보다 안정된 공부 습관을 만드는 것이 중요하지 않나 싶습니다. 고3까지 앞으로 5, 6년 싸움인데 관건은 한결같은 힘으로 길게 갈 수 있는 습관이기 때문입니다. 학원 스케줄도 이런 점을 기준으로 정리하시는 것이 좋을 듯합니다. 부디 자녀와 상의하고 잘 헤아리시어 일과 시간에 유쾌하게 집중할 수 있도록 배려해 주시기 바랍니다.

요즘 녀석들이 속 많이 썩이지요? 할 일이 태산인데 짬만 나면 컴퓨터에 매달리고, 그렇다고 꾸중하면 말대꾸하고, 대들고……. 그래도 아이들과 이야기를 나눠 보면 겉으로만 그렇지 속에는 부모님에 대한 미안함, 고마움으로 가득 차 있으니 너무 속상해하지는 마세요, 오늘 국어 시간에 시낭송을 했는데, 한 녀석이 이해인 수녀의 〈피 묻은 모정〉을 읽다가 끝내 눈물을 보이더군요, 수시로 엄마에게 개기는 자신은 정말 싸가지 없는 놈이라며 말입니다. 시는 이러합니다.

— 경기도 어딘가에서 2007년 4월, 일을 나가라고 충고하는 49세의 어머니에게 23세의 아들이 자존심 상해 마구 화를 냈다지요. 그래서 네 차례나 흉기로 자기를 낳아준 엄마의 배를 겁도 없이 찔렀다고 합니다. 그 어머니는 앞으로 빨간 딱지 붙을 아들의 장래가 걱정돼 강도를 당했다고 할테니 빨리 도망가라 권한 뒤 일부러 집안을 어질러 놓고 남편에게 강도당했다고 전화하였다지요.*

아이들을 키우고 가르치는 일은 작은 생선을 조리는 것과 같다는 생각이 듭니다. 젓가락질을 너무 많이 하면 요리를 망치기 일쑤이니 말입니다.

날이 더워지고 있습니다. 늘 건강하시고, 방학 전에 또 편지 드리겠습니다.

추임새도 필요하다

달력을 헤아려 보니 6월 25일이 개학식으로부터 111일째 되는 날이다. 옳거니, 분위기도 까칠한데 핑계 김에 깜짝 잔치나 해 볼까. 하여 회장

---

* 〈작은 기쁨〉 이해인 지음, 열림원, 2008

현이와 함께 날짜를 잡고(하필 디데이가 기말고사 준비 기간과 겹쳐 날짜를 7월 중순으로 미루었다.) '몰래 이벤트' 작전에 들어갔다. 그간 뭔 이벤트 같은 것을 한 적이 없다. 그럴듯한 기획행사를 폼 나게 하는 일이 체질상 서툴기도 하거니와 일상사를 평온하게 가꾸는 것이 중요하다 싶어 그저 소소한 일을 챙기는 것에 관심을 기울였을 뿐이다. 학급비를 아껴 학년말에 학급 여행을 갈 작정으로 그 흔한 생일잔치도 말로 때우고 넘어갔다. 그렇잖아도 몇몇 여자아이들이 마니또를 하자, 야영을 하자, 하며 궁시렁대던 판이었는데 시기상 딱 맞춤했다. 크게 요란 떨 것 없이 아이들 연애할 때 50일, 100일 그런 기념일 챙기듯 가볍고 경쾌하게 하자, 이렇게 마음을 먹으니 크게 부담스럽지도 않았다.

당일 내 수업 시간을 활용해서 칠판에 '우리 만난 지 111일 기념' 이렇게 타이틀을 걸고 책상 배치를 바꾸니 분위기가 그런대로 쓸 만하다. 과자를 먹으며, 분단 별로 첫소리 퀴즈를 벌여 과자 뺏기 게임도 하고, 지난 5월에 이어 2차 행운권 추첨도 하고……. 지난번처럼 말없이 열심히 하는 친구들이 대거 추첨 대상자가 되었지만, '지각을 더할 수도 있었으나 뼈를 깎는 노력으로 다섯 번으로 줄인 성영이' '옷을 한번 입으면 최소한 1주일을 버티는 물 절약의 최고봉 기영이' 등도 포함시켰더니 사방에서 야유가 쏟아진다. 나도 이제는 지각을 좀 해야겠다, 누구는 빤스 하나를 보름 이상 입는데 왜 그런 거는 안 주느냐, 선생님도 한복 한 벌로 한 달을 버티니까 행운권 대상자 아니냐 등등.

하이라이트격인 '우리 반 견우직녀 뽑기'(사전에 '우리 반에서 가장 잘 어

울리는 커플' 이란 설문조사를 벌였는데, 녀석들은 그게 이렇게 상을 주는 것인지 몰랐던 모양이다.)에서는 근소한 차이로 근이와 윤이 커플이 **뽑혔**다. 상품으로 같이 영화라도 보라고 영화관람 예약권을 주었더니 녀석들이 아우성을 친다.

―샘, 쟤들 사고 치면 책임지실 거예요?

―얘들아, 나라 생각해서 애는 생기는 대로 슝풍슝풍! 알았지야?

일부 아이들은 행사가 생뚱맞다고 딴지를 걸기도 했으나, 까짓 것 어떠랴. 45명이 우연찮게 한 반으로 묶였으되, 별다른 일 없이 100일 이상을 아웅다웅 살아왔으니 나름 자축할 만하지 않은가. 가끔은 추임새도 필요한 법!

털고 정리해야 할 것들

기말고사 성적 처리를 마치니 방학이 코앞이다.

너무 가까이 있으면 길이 보이지 않는다. 배움이라는 것은 때로 서로 떨어져 각자 자신을 수습하는 기간이 필요하다. 그래서 방학이 있다. 그렇다고 마냥 무 자르듯 딱 끊고 살 수는 없다. 2학기가 아가리를 딱 벌리고 기다리고 있기 때문이다.

학기말 학급평가를 할 때가 되었다. 출석 통계 같은 것을 내면서 한 학기를 돌아보면 아쉬움과 후회가 산더미 같다. 평가를 통해 이 아쉬움의 정체를 정확하게 헤아리고 짚어야 2학기 살림의 오류를 줄일 수 있다. 평가는 곧 계획이다. 그런데 그간 활용하던 학기말 평가지를 약식으로 조정하여 아이들 사이에 돌렸더니(7월 자료 1), 꽤 많은 녀석들이 그저 건성 건성 써서 던져 놓고 만다. 기말고사는 끝났지, 날은 덥지, 방학은 코앞이지, 녀석들도 지친 것이다. 사실은 나도 일정에 밀려 평가 설문을 마무리할 엄두가 나지 않았다. 원래 평가가 의미를 가지려면 빠른 시일 안에 분석 결과를 함께 공유하고 차후 대안까지 모색하는 수순을 밟아야 한다. 그러나 상황상 지금은 무리다. 상상력이라는 것도 여유가 있어야 작동하는 법, 그래, 방학 때 정리해서 개학 후에 다시 궁리를 해 보자.—평가 마무리는 일단 이쯤 해서 접어 두기로 한다.

평가는 그렇다 쳐도 뒤로 미루지 말아야 할 것이 있다. 책상 서랍 뒤집기. 서랍과 서류함을 엎어 보면 별의별 것이 다 나온다. 평가 자료도 수북하고, 미처 답장을 주지 못한 편지에, 아이들에게 협박용으로 준비했던 경고장도 나온다. 미운 털이 숭숭 박힌 녀석들과 벌인 전투의 흔적들이 대부분이다. 그때그때 매듭지어야 했을 것을 차일피일 벼르다가 그만 까맣게 잊고 지나쳤으니, 이게 다 빚뭉치나 다름없다. 버릴 것은 버리고 챙길 것은 챙겨서 집으로 싸들고 온다. 해묵은 감정을 가슴에 품은 채 2학기를 맞을 수는 없는 일이다.

우선 '원한'이 컸던 녀석부터 짬짬이 숙제하듯 쪽지 편지를 쓴다. 이런저런 점 때문에 속이 상하고 가슴이 아팠다고, 그래도 네가 아까워서 잔소리를 포기할 수 없었다고, 새 학기에는 자잘한 문제쯤은 훌쩍 뛰어넘어 좀 더 큰 문제로 싸우자고, 이렇게 쓰고 나면 괜히 가슴이 아릿해서 꼭 연애 편지처럼 끝을 맺게 된다. 어찌 미운 녀석들만 있겠는가. 참 근사한 녀석인데, 바쁜 일에 치여 칭찬 한마디 못하고 지나쳐 버린 아이들도 부지기수다. 도드라지지는 않지만, 영악한 아이들 틈에서 말없이 제 할 일을 챙기고 약속도 꼬박꼬박 잘 지키는, 그런 소박한 녀석들을 그냥 지나칠 수는 없다. '너는 네가 얼마나 이쁜지 잘 모를 것이나, 교실에 앉아 있는 것만으로도 너는 아름답다'라고 쓰면서 오히려 내가 위로를 받는다. 어떤 식이 되었든 털고 정리를 해야 길이 보이는 것이다.

후기—도道의 길은 이토록 멀다

그나저나 방학식날 험한 꼴을 보이고 말았다.

방학식을 마치고 청소를 하는데 세 녀석이 도망을 쳤다. 그런데 하필이면 녀석들은 며칠 전에도 학급의 석이를 괴롭힌 건으로 생활지도부를 들락거렸던 놈들이었다. 잘 하겠다고 그렇게 싹싹 빌 때는 언제고 또 도망을 치다니. 청소 땡땡이는 제 한 몸 편하자고 그 짐을 고스란히 친구에게 떠넘기는 일종의 폭력이라고 거듭 강조를 했거늘. 노여움이 부쩍 솟구쳤다.

— 방학하는 날인데 누군들 일찍 가고 싶지 않겠어. 너희들이 도망친 순간 남아서 청소하는 친구들만 바보가 되는 거 알아? 빨리 들어와!

20분 후쯤 녀석들이 돌아왔다는 연락이 왔다. 그런데 교실로 가 보니 분위기가 이상했다. 교실 뒤쪽에 그 세 녀석들이 험한 표정으로 서 있고, 나머지 아이들은 교실 앞쪽에 몰려 눈치를 보며 비질을 하고 있다. (아이들이 녀석들을 은근히 무서워한다.) 어떤 새끼가 꼰질렀어? 녀석들의 표정이 딱 그러했다. 순간 치솟는 역정을 참지 못하고 결국 '빳다'를 치고 말았다. 석 대씩. 아이들을 보내 놓고 담배를 피는데 입이 소태처럼 썼다. 이렇게 단순무식하게 처리할 수밖에 없었는가. 전화 한 통에 녀석들이 돌아온 것만 해도 어딘가. 차라리 선후를 따져 다독여 보낸 뒤, 방학 때 따로 불러 도서실 책도 정리하고, 교실 바닥에 껌도 떼면서 점심이라도 같이 했더라면 얼마나 좋았겠는가. 고치든 바꾸든 어쨌거나 신뢰가 먼저 아닌가. 이런 후회에, 볼기를 맞는 세 녀석들을 바라보는 다른 아이들의 복잡다단한 눈빛이 교차되면서 마음이 더욱 심란해졌다. 그렇게 방학을 맞았다. 20년을 가르쳤음에도 '가르침의 도'는 이토록 멀다.

슬기로운 교사는 나쁜 사람이란 없다고, 오직 나쁜 결정을 내린 사람만 있다고 생각한다. 그래서 학생들에게 그것과는 다른 결정을 내릴 수도 있다는 사실을 일깨워 준다. 긍정적인 것을 강조하고, 부정적인 것을 줄이도록 도와주라. 학생들은 저마다 당신이 노력을 기울일 만한 가치가 있는 존재들이다. 설사 따뜻하게 대해 줄 자격이 없는 듯이 보이는 학생일지라도 그 역시 당신의 사랑과 자상함에 목마르다.*

* 《가르침의 도》 그레타 네이절 지음, 아침이슬, 2009

2008. 7. 11. (금) | 붕어빵 속의 팥고물, 빤쓰의 고뭇줄보다 귀한 3반 허브통신 | 17 호

오늘의 역사 : 1973년 오늘 신라 천마총(교과서에 나와 있지요?)에서 유물을 출토하기 시작했구요, 1983년 7월 11일엔 서울 시내에서 보신탕, 뱀집에 대한 영업이 전면 금지되었어요. 왜 그랬는지 아세요? 곧 치르게 될 88올림픽 때문에 그랬지요. 외국인들이 싫어한다구요. 그리고 1987년 7월 11일자로 세계 인구가 (   )억을 넘겼네요.

****

• **축하! 오늘 생일 친구** 호민이 생일이 내일이구요. 인이는 7월 19일, 민주는 7월 29일입니다. 미리 축하해 주세요. 생일빵도 하고. 그나저나 이 더운 날 애기 낳느라 엄마들이 얼마나 고생했을까요?

수행평가 성적 확인 꼬리표가 나오고 있습니다.

각 과목 수행평가 확인표가 앞 게시판에 연이어 붙고 있습니다. 다음 주 월요일까지 확인 마감이니 혹시 문제가 있는 똥포들은 가능한 오늘 안으로 확인하세요. 나중에 울지 말고.

생활지도부 전달 사항입니다.

생활지도부실에 분실물이 엄청 많이 쌓여 있답니다. 필통, 체육복, 핸드폰, 구형 엠피까지. 혹시 물건 잃어버린 친구들 있으면 지금 빨리 달려가 확인하세요. 그리고, 실내화 신고 축구하다가 그냥 교실로 들어오는 양심 없는 인간들 집중단속한답니다. 먼지의 주범이지요.

경고! 교실에서 물싸움 금지!

옆 반에서 물싸움하다가 진짜 싸움 나서 이빨 부러진 사건 알지요. 정 물싸움 하

고 싶으면 방과 후에 남아서 운동장 수돗가에서 하세요. 교실에서 하다가 괜한 친구들에게 물벼락 내리지 말고. 하여튼 요새 똥포들 노는 거 보면 사고날 것 같아 아슬아슬합니다.

미리 알려 줍니다.

1. 방학 전에 다시 알려 주겠지만, 방학 때 봉사활동 할 수 있는 곳 물색해 놓으세요. 봉사 담당 완에게 샘이 그동안 자료 넘겨 놓았으니까 참고해서 미리미리 챙겨 두기 바랍니다. 이참에 다음 학기까지 지속적으로 할 수 있는 봉사활동을 찾아 보세요. 독거노인 돕기 등 우리의 손길을 기다리는 곳은 아주 많습니다. 봉사는 남을 돕는 것을 통해 스스로를 돕는 과정입니다.

2. 현재 현이와 선이가 각 교과 선생님들을 찾아다니며 교과별로 방학 때 읽을만한 책을 소개받고 있습니다. 곧 그 목록을 종합해서 돌리겠습니다. 방학 때는 적어도 다섯 권 이상의 책을 읽습니다. 책 안 읽는 똥포들하고는 연애도 하지 맙시다. 왜? 재미없거든요. 독서야말로 재미와 감동, 삶의 지혜를 새길 수 있는 거의 유일한 통로입니다.

돌 발 퀴 즈

위의 〈오늘의 역사〉에서 (   )안에 들어갈 세계 인구는 몇 명일까요?

가장 비슷하게 맞힌 친구에게 〈자리우선지정권〉 상으로 줍니다. 오늘 1교시 전 마감!!

1학기를 돌아보니

학번__________ 이름__________________

나 자신

1. 현재 내 자신에 대한 만족도는 어떻습니까?

① 매우 만족   ② 만족   ③ 그저그렇다   ④ 불만족   ⑤ 매우 불만족

2. 위에서 ① ②에 응답한 학생 특히 어떤 점에서 만족스럽습니까?

2-2. 위에서 ④ ⑤에 응답한 학생 어떤 점이 특히 불만스럽습니까? 그리고 그것을 어떻게 이겨낼 생각인지요?

3. 1학기 칭찬 친구를 꼽는다면? (이유까지)

4. 방학 동안 어떻게 지낼 예정인가요? 구체적으로 써 봅시다.

1. 1학기 학급생활에 대한 만족도는 어떠했습니까?

 ① 매우 만족   ② 만족   ③ 그저그렇다   ④ 불만족   ⑤ 매우 불만족

2. 우리 반에 긍정적인 점이 있다면? (구체적으로)

3. 우리 반에 단점(부정적인 점)이 있다면? (구체적으로)

4. 위 3번의 문제점을 고치려면 2학기 때 어떤 대책이 필요할까요?

5. 기타 학급운영에 대한 건의 사항 (구체적으로)

수고했습니다.

九月

선한 질서가 물처럼 흐르는가

상황의 힘―'상황'은 우리가 생각하는 것보다 훨씬 강한 힘을 가지고 있다. 잘못된 상황과 분위기 속에서는 그것의 잘못을 지적하기가 어렵다. 그런데 그런 상황은 뜻밖에 작고 사소한 것에서 좌우된다. 한 명의 무단횡단자가 무더기 무단횡단자를 만들고, 쓰레기 하나가 쓰레기 산을 만드는 것이다. 우리 교실은 어떠한가. 작고 사소한 규칙이나 상식이 건강하게 지켜지고 있는가. 선한 질서가 물처럼 흐르는 구조인가. 2학기의 시작은 이 지점을 새롭게 다잡는 것으로 출발점을 잡는다.

9
월

방학 중에 교육방송에서 방영한 '인간의 두 얼굴'이란 교육 다큐를 인상 깊게 보았다. 그 가운데 특히 상황의 힘을 다룬 대목이 흥미로웠다. 제작진이 '애쉬의 동조실험'을 재현하여 열 명(그 중에 아홉은 미리 교섭한 연기자이다.)이 한 팀으로 동그랗게 앉아 문제를 푸는 상황을 마련한다. 문제의 답은— 예를 들면 '다음 막대기 중에서 가장 긴 것은 어떤 것인가' 처럼 누가 봐도 명확하다. 연기자들은 사전에 모의한 대로 줄줄이 오답을 말한다. 맨 마지막에 앉은 실험자(물론 앞 사람들이 연기자인 줄 모른다.)는 어떤 반응을 보일까. 처음에는 당황하고 고민하지만, 결국엔 놀랍게도 70% 이상이 앞 사람을 따라 오답을 말하는 것으로 나타났다. 실험 후 인터뷰에서 밝힌 그들을 대답은 거의 동일했다.

나 혼자 튀면 이상하잖아요.

이상대의 4050 학급살림 이야기

상황의 힘 — '상황'은 우리가 생각하는 것보다 훨씬 강한 힘을 가지고 있다. 잘못된 상황과 분위기 속에서는 잘못을 지적하기가 어렵다. 그런데 그런 상황은 뜻밖에 작고 사소한 것에서 좌우된다. 한 명의 무단횡단자가 무더기 무단횡단자를 만들고, 쓰레기 하나가 쓰레기 산을 만드는 것이다.

우리 교실은 어떠한가. 작고 사소한 규칙이나 상식이 건강하게 지켜지고 있는가. 선한 질서가 물처럼 흐르는 구조인가. 2학기의 시작은 이 지점을 새롭게 다잡는 것으로 출발점을 잡는다.

방학 미팅으로 빈틈을 채우다

이번 방학엔 1주일에 한두 번은 학교에서 보냈다.

아무도 없는 언어부실에서 차를 마시며 일을 하거나 책을 읽노라면 호젓하기가 이를 데 없다. 점심 때는 아이들을 불러 자장면도 먹고, 만두도 사 먹는다. 방학식 '빳다'의 자책감이 아직도 남아있는 탓이다. 소통하려면 더 알아야 한다. 그런데 녀석들은 하나를 부르면 꼭 친구 서넛을 모아서 나타난다. 회장 현이를 부르니, 대여섯 명이 기다렸다는 듯 몰려왔다. 그간 고생했다고 격려도 하고, 2학기 계획과 관련하여 상의하고 싶은 것이 많았는데, 떼로 몰려오는 바람에 아이들 뒷담만 하다가 끝냈다. 그래도 얼굴을 보니 반갑다. 한결같이 얼굴에 뽀얗게 살이 올랐다. 잠깐만 쉬어도 저렇게 꽃처럼 피거늘, 우리 교육은 아무래도 아이들이 감당하기에 버거운 것이다. 하지만, 누구를 불러도 2시만 되면 학원에 가야 한다고 황급하게 일어선다. 몇 분만 늦어도 엄마들의 전화가 빗발친다. 여기다 대고 "그래도 너희 때는 여행이나 독서 같은 스스로의 경험이 더 중요하다"는 주문을 차마 하지 못하겠다.

얼마 전에는 민이를 불렀다. 준이, 훈이와 함께 온 녀석에게 자장면을 먹자고 했더니 입이 커다랗게 벌어졌다. 민이에겐 꼭 뭘 한번 챙겨 주고 싶었다. 우리 학교는 수요일 날 격주로 6, 7교시에 CA를 한다. 수요일 청소당번인 민이는 CA를 마치면 잠깐이라도 다시 교실로 돌아와 청소를 하고 간다. 늦게 끝나는 날이니 꾀를 부릴 법도 한데 녀석은 뭘 해도 말없이 묵묵하다. 어느 날인가는 다른 일에 치여 늦게 교실로 올라갔는데 그때껏 혼자 청소를 하고 있었다. 휴지만 주우라고 했는데도 녀석은 그것만으로는 미흡하다 싶었는지 땀을 뻘뻘 흘리며 구석구석을 쓸고 있었다. (다른 당번은 청소 흉내만 내다 갔을 것이다.) 창 밖에서 한참 그 모습을 지켜보고 있는데 가슴이 찡했다. 그날 저녁에 바로 민이네 집으로 전화를 했다. 엄마는 갑작스런 담임 전화에 애가 무슨 사고 쳤냐며 화들짝 놀란다. 민이는 조용한 성격으로 공부한 만큼 성적이 나오지 않아 다소 기가 죽어 있는 편이나(딱 중위권이다.) 천성적으로 선하고 겸손하다. 이런 아이일수록 설 자리가 필요하다. 선善을 푸대접하는 세상은 위험한 세상이다. 인사 끝에 청소 이야기를 하며 '아이를 참 대견하게 키우셨어요' 했더니 공부를 못해서 걱정이라면서도 흐뭇해하는 기색이 역력하다. 다음 날 학교에 오니 녀석이 눈을 맞추며 의미심장하게 웃었다. 핑곗김에 그날 종례 시간에 아이스크림을 하나씩 돌렸다.

"눈부신 친구가 있어 아이스크림을 쏠 수밖에 없었다. 누굴까?"

그랬더니 녀석들은, 우리가 시험을 잘 본 덕이다, 아니다, 나의 빼어난 외모에 샘이 반하신 거다, 웃기지 마라, 샘이 술이 덜 깬 거다, 하면서 제각각 법석을 떨었다.

아이들을 다시 읽는 것으로

9월, 절기의 변화는 어김이 없다. 입추를 지나면서 새벽 바람의 느낌이 달라졌다.

2학기는 아이들을 다시 읽는 것으로 호흡을 가다듬는다. 학기 초에 아이들이 작성한 자기소개서와 홀짝일기 등 속을 꺼내 꼼꼼하게 읽는다. 아이들을 어느 정도 파악하고 난 뒤에 다시 새겨 보는 그들의 정보는 전혀 느낌이 다르다. 모를 때는 그냥 지나쳤던 것이 구체적인 정황으로 와 닿는 것이다. 특히 가족 관계나 '올해의 각오' 같은 것을 보면 하나하나가 새삼스럽다. 그래서 그랬구나, 하며 무릎을 칠 때도 있다.

학기 내내 은근하게 속을 썩이던 현수 같은 경우, 자기소개를 꼼꼼하게 살펴보니 아버지, 어머니와의 관계가 하下로 표시돼 있고, 그 밑에 '맨날 짜증만 낸다.' 라고 써 있다. 집에서 인정받지 못하는 아이는 친구 관계에서 냉랭하거나 폭력적인 경우가 흔하다. 현수도 말보다 주먹이 먼저 나간다. 나름대로는 얼마나 고달프랴. 담임이라도 좀 푸근하게 안아 줬어야 하는데, 생각해 보니 청소하는 데 게으름을 부린다고 내내 까칠하게 대했다.

모른 채 지냈는데, 현두는 꿈이 가수로 적혀 있다. 욱하는 성깔이 없는 것은 아니나, 성실하고 활달하여 토요일 봉사청소를 전담하다시피 하는 녀석이다. 그런데 1학기 후반부로 갈수록 집중력도 떨어지고 맥이 풀려지냈다. 녀석의 꿈이 가수라면, 어쩌면 그 변화가 꿈과 관련이 있을지도 모른다. 이맘 때 아이들은 노래를 좀 한다는 주위의 인정만으로도 쉽게 가수를 꿈꾼다. 겉보기에 얼마나 화려한가. 그러나 현실적인 지원 없이 그저 막연하게 꿈만 꾸는 경우, 시간이 지날수록 집중력을 잃고 뒤처지기 쉽다. 현두는 성적이 중위권에 집안형편도 넉넉하지 않다. 부모님에게 바라는 란에 "용돈 좀 주세요."라고 썼다. 여러 가지 요인으로 축적된 불만에 생기를 빼앗기고 있을지도 모를 터, 개학하자마자 만나 봐야 할 녀석이다.

누군가에 대해 '알고 있다' 는 것은 이해의 가능성과 맞닿아 있다. 사람 사이에서 불거지는 불신과 단절의 속내를 뜯어보면 대부분 이해의 결핍이 도사리고 있는데, 이런 관계는 교실에서도 정직하게 나타난다. 한 여자아이가 있다. 지각을 밥 먹듯 하고 입성조차 청결치 못하다. 뭘 물어도 쉽게 입을 열지 않고, 수업 시간에는 엎어져 자기 일쑤다. 지적을 하면 때로 성깔도 부린다. 심각한 문제아로 규정할 수밖에 없다. 그러나 어머니는 가출 중이요, 새벽시장 나가는 아버지 대신 가사는 물론 유치원 다니는 두 동생 씻기고 챙겨 등원시키는 것까지 책임진다는 사실과 맞닥뜨리는 순간, 아이는 전혀 다른 개념으로 파악된다.

　　　　　　　　　　　이상대의 4050 학급살림 이야기

학급 규칙을 다시 손보면서

2학기 첫출발, 정부회장 선출에 이어 학급 규칙을 정비하는 수순을 밟는다. 1학기 말에 아이들이 써 낸 학급평가를 추려 보니 대략 이러했다.

- 긍정적인 면: 아이들이 대부분 착하다, 샘이 친절하다, 교실이 깨끗하다, 행운권 추첨 같은 칭찬제도가 있다, 단체 먹을거리가 자주 생긴다, 급식 배식이 공평하다
- 부정적인 면: 지각이 많다, 아침자습, 수업 시간에 너무 떠든다, 교과 샘께 혼날 때가 많다, 남자애들이 교실에서 공놀이를 한다, 재미있는 일(행사)이 별로 없다. 다른 반 아이들이 너무 많이 출입한다. 종종 없어지는 물건이 있다.

요약하자면, '반 친구들은 착하고 담임은 친절하나, 학급은 시끄럽고 무질서하다' 는 이야기다. 무슨 의미인가. 공공질서가 깨지고 있다는 것이다. 이건 상당 부분 내 잘못이 크다. 내 자신이 먼저 아이들 편의를 봐준다고 얼렁뚱땅 규칙 위반에 눈 감은 적이 많았다. 그러는 사이 전체적으로 질서가 흐트러지고, 오히려 규칙과 상식을 지키는 아이들이 불편을 떠안는 결과로 발전된 것이다.

이취임식 명분으로, 새로 선출된 2학기 회장단과 지난 학기 회장단인 현이와 원이를 방과 후에 불렀다. 자장면을 먹으며 대책을 물으니, 녀석들의 결론은 간단했다. 규칙을 정비하고 규칙 위반에 대한 벌칙을 강화하

자는 것. 더욱이 2학기 때는 말로 하면 안 된단다. 결국 어떤 벌칙을 줄 것인가로 논점이 모아졌다. 아이들은 청소나 벌금 등을 주장했다. 뭔가 불편하고 구체적인 페널티가 주어져야 아이들이 규칙을 의식한다는 것이다.

하긴 지난 학교에서 이런 적이 있었다. 담임 맡은 반이 3학년이었는데 얼마나 시끄럽고 막무가내인지 선생님마다 고개를 저을 정도였다. 어느 날인가 학급 회장단이 학급회의 결론이라며, 교과 샘께 지적을 받거나 자리를 바꾸면 500원씩 벌금을 걷겠다고 했다. 내키지는 않았으나, 회의 정신을 존중해서 허락했더니 정말 그 다음 날부터 수업 분위기가 확 달라졌다. 보는 선생님마다 무슨 묘방을 썼길래 반이 하루 사이에 그렇게 변했냐고 야단이었다. 그래서 며칠 뒤 교실에 들어가서 그랬다.

— 야 이 웬수들아. 담임이 그렇게 인간적인 말로 타일렀을 때는 들은 체도 안 하더니, 벌금을 걷겠다니까 싹 변해? 내 말이 500원어치도 안 되는 거야?

그러나 여기에는 생각해 볼 문제가 있다. 벌칙을 부과하는 것은 근본적으로 잘못의 교정에 있다. 그런데 벌금제는 벌금을 내는 순간 더 이상 그를 교화할 명분이 사라진다. 만사를 돈으로 해결한다는 (나이에 걸맞지 않은) 배금사상을 키울 수도 있다. 벌청소만 해도 그렇다. 청소는 밥 먹은 뒷자리 치우듯 누구나 해야 할 기본적인 노동이다. 이것을 벌로 충당하는 경우, 청소의 신성성은 사라지고 그저 귀찮은 허드렛일로 간주될 수 있다. 봉사의 개념도 희석된다. 내가 굳이 아이들과 함께 청소를 같이

  이상대의 4050 학급살림 이야기

하는 것도 사실은 이 때문이다.

논의 끝에 '아침자습 시간에는 특별히 조용하게 독서/학습에 집중한다.' '교실에서 공놀이를 하지 않는다.' '다른 반 친구를 교실로 데려오지 않는다.' 등의 조항을 추가하여 학급 규칙을 보강하고, 벌점제를 도입하기로 합의를 했다. 일정 벌점 이상 기록하면 친구에게 사과 편지 쓰기, 토요 봉사활동, 에이즈 샘 면담(학생부장인데 진짜 걸리면 죽는다)을 포함해서 단계별 벌칙을 부과하기로 했다. '재미있는 행사가 없다' 는 지적에 대해서는 학년말 학급 여행을 구체화하는 것으로 가닥을 잡았다.

2학기는 빠르게 지나간다. 그만큼 바쁘고 정신이 없다. 자칫 손 셈으로 학급일에 대처하다가는 낭패를 보기 십상이다. 바쁠수록 계획과 수순을 짚어 가는 것이 중요하다.

낙엽보다 가벼운 인권

그런 중에 어느 날 청소를 하다 보니 언이 눈 주변에 푸른 멍이 들었다. 왜 그래? 녀석은 눈을 가리며 벽에 부딪쳤다고 애써 변명을 한다. 부딪치긴, 싸웠구만. 옆엣놈에게 슬쩍 캐물었더니, 종례 전에 철이란 놈과 한판 붙었단다. 다음 날 아침에 두 녀석을 불렀다. 녀석들은 화해했다며 실실 웃기만 했다.

— 그래도 싸운 원인을 알아야 다음에라도 그런 일이 없지. 봐라, 이게 무슨 꼴이냐? 한 놈은 손에 파스 붙이고, 한 놈은 눈이 시퍼렇고. 아주 영화를 찍었구만.

들어본즉 싸움의 사단은 욕이었다. 용모에 자신이 없는 철이가 가장 듣기 싫어하는 말이 '애자'(장애자)라는 욕이다. 그런데, 별거 아닌 일로 말다툼을 벌이다가 언이 녀석이 "이 애자 새끼가!" 해 버린 것이다. 그리고는 곧바로 육박전. 사람들의 생활을 들여다보면 뜻밖에 수용보다는 공격성이 두드러진다. 그런 점은 아이들도 크게 다르지 않다. 한 사람의 존재쯤은 아무렇지도 않게 쓱싹 뭉개는 일이 다반사다. 욕은 또 얼마나 치명적인가. 이런 과정에서 개개인의 인격은 설 자리가 없다. 아이들이 노는 것을 보면 정말 인권은 가랑잎보다 가볍다.

핑곗김에 이런 얘기를 하자 싶어 국어 시간에 교과서를 덮었다. 그리고 미리 준비한 손바닥 반 크기의 노랑색 포스트잇과 파랑색 포스트잇을 각각 한 장씩 나누어 주었다.

— 샘이 나누어 준 색지에 평상시 자신이 무시당한다는 느낌이 들거나, 진짜 듣기 싫은 말을 솔직하게 써 보자. 집에서 들은 말은 노랑색에, 친구에게서 들은 말은 파랑색 포스트잇에 쓰되, 들었던 말을 가능한 그대로 옮기고, 당시의 상황도 구체적으로 쓴다.

— 욕 써도 돼요?

— 느네가 욕 빼고 대화가 되냐? 그대로 써라. 단, 자기 이름은 밝히지 않아도 된다.

익명으로 해야 글이 솔직해진다. 다 쓴 것은 칠판을 좌우로 나누어 각자 나와서 붙인다. 칠판이 순식간에 노랑과 파랑으로 양분된다. 두어 장을 떼어서 읽어 주니, 어떤 장면에서는 에이 설마, 하기도 하고 어떤 대목에서는 맞아 맞아, 동의를 표하기도 하면서 순식간에 교실이 떠들썩해졌다.

—봐라. 차분하게 앉아서 각 장면을 떠올려 보니 정말 치명적이지 않느냐. 개개인의 인격이나 존재를 개떡만도 못하게 여기는 경우가 태반이다. 내가 듣기 싫은 말은 상대도 듣기 싫다. 남이 싫어하는 것을 일부러 즐기며 쾌감을 누리는 놈이 바로 변태다. 문제는 워낙 그런 상황이 흔해서 자신이 변태라는 것을 모른다는 사실이다. 샘이 컴퓨터로 정리해서 내일 나누어 줄 테니 그 가운데 자신에게 해당하는 것이 몇 개나 되는지 양심껏 헤아려 봐라. 욕은 욕을 부른다. 존중받고 싶다면 상대방도 그처럼 존중해라. 그게 인권의 시작이다. 우리 반도 2학기 학급 규칙을 강화했지만 사실은 그게 다 인권을 지키려는 것이다. 부모님 것은 따로 정리했다가 기회가 닿으면 전해 드리마.

방과 후에 남아서 정리를 하는데, 상황 하나하나가 그림처럼 선명하다. 주먹다짐이 그저 일어났겠는가. 몇 대목을 보면 이런 식이다.

- 친구랑 얘기하다가 내가 별 반응을 안 보이니까 "또 삐쳤냐? 넌 매일 삐치냐?" 했다. 이런 말을 하니까 사람을 우습게 보는 것 같아 한 대 치고 싶었다.

- 저희들끼리 귓속말하다가 내가 "뭐야?"하고 물으니 "아무것도 아냐. 넌 몰라도 돼." 하면서 자기네들끼리 막 웃었다. 짜증이 확 나고 사람 취급을 못 받는다는 생각이 들었다.

- 체육 시간에 내가 잘 못하는 운동을 할 때, "야, 너 좀 짜져 있어." 그러

면 확 열이 솟구친다. 찌그러져 있으라니.

- 친구에게 친절하게 대하면, "너 쟤 따까리냐?" 그런다. 그러면 무시당하는 기분이 들고, 민망하고, 그래서 때리고 싶다.
- 친구들과 말싸움하거나 다투던 중에 뒤돌아서면서 "아, 씨발 새끼 존나 재수 없어." 그러면 겉으로는 웃는 척 하지만 속으로는 그 친구랑 다니기가 싫어진다.
- "아놔 시발 그러면 너가 하든가~. 지는 못하면서 존나 나대요." 그러면 한 대 패고 싶어진다.
- 나름 열심히 말하고 있는데 "그래서?" "어쩌라고~"라며 무관심하게 응답하면 정말 정 떨어진다. 더 이상 걔랑 이야기하기도 싫어진다.

어쨌거나 9월은 새롭게 신들메를 고쳐 매는 때이다.

하반기 넉 달을 버텨 줄 규칙과 바탕을 정비하는 한편, 성적상담 같은 내용적인 부분도 소홀히 할 수 없다. 성적만으로 아이들을 '족치는' 경우도 경계해야 하지만, 현실적인 규정력을 가지는 학습 태도를 그냥 둘 수도 없는 일이다. 특히, 뚜렷한 목표의식 없이 그냥 빈둥빈둥 하루를 때우는 중하위권 아이들을 대상으로 한 성적 집단상담은 꼭 필요하다. 이 가운데 상당수가 전문계 고등학교로 진학할 터, 내신 관리가 무엇보다 긴요하기 때문이다. 그러나, 요 나이 때가 그저 발끝만 보고 사는 때라서 아무리 일러 주어도 마치 소 닭 보듯 하는 녀석들이 부지기수이다. 그럴수록 개개인의 특성, 취미라도 살펴 더 나은 미래를 탐색도록, 필요하다면 잔소리라도 집요하게 퍼부어야 한다. 3학년 후반기에 들어 비로소 특성화 고등학교 진학을 목표로 했다가 그 이전 내신과 봉사활동 점수에 발목을 잡혀 낙망하는 경우를 종종 보았다. 이러한 관련 사례를 수집하여 들려 주거나 졸업 선배를 멘토로 활용하는 것도 방법이 된다. 말 한번으로 딱딱 알아듣는다면야 굳이 교육이 필요하겠는가.

그러나 무엇을 하든 일단 2학기 화두를 이렇게 정해 본다.

개개인의 발전을 위한 교화에도 힘을 쏟아야겠지만, 좀 더 '선한 행동'을 쉽게 할 수 있도록 '교실 상황을 디자인' 하는 데 관심을 기울인다.

| 2008. 9. 10. (수) | 203 ✐ 허브통신 | 18호 |

지난 토요일, 쌤이 연가를 낸 날인데, 혁인이와 철이, 현두가 자진해서 청소를 했다고 전해 들었습니다. 마침 이날은 일요일 외부 시험 관계로 책상 배치까지 바꿔야 해서 일거리도 많았을 것입니다. 참 대견했습니다. 세상은 이렇게 기꺼이 궂은 일에 나서는 사람들에 의해서 조금씩 아름다워진다고 믿고 있습니다.

****

2학기 학급 규칙, 이것만은 꼭 지킵니다.

며칠 전 학급 운영위원들이 모여 2학기 학급 규칙을 정비했습니다. '수업 시간에 잡담 등으로 수업을 방해하지 않는다' '자리를 바꿔 앉지 않는다' '무단으로 결석, 지각하지 않는다' '정해진 청소당번 일을 열심히 한다' '친구를 따돌리거나 괴롭히지 않는다' '실내/외화를 구분하여 신는다' 외에 아래와 같은 조항이 새로 생겼습니다. 규칙은 각자의 평화와 이익을 위해 존재합니다.

새로 생긴 규칙

1) 아침자습 시간 — 8시 30분 이후는 조용히 독서나 학습에 집중한다.

   이 시간에 핸폰은 일절 금지합니다. 사용 시 회수하여 교칙에 따라 일정 기간 보관했다가 돌려줍니다.

2) 교실에서 공놀이, 물놀이 등 남에게 피해를 주는 놀이를 하지 않는다.

3) 다른 반 친구를 교실로 데려오지 않는다.

   다른 반 아이들이 몰려오는 경우, 학급 친구들이 여러모로 불편해집니다. 분실 사고 같은 일도 생깁니다. 친구를 만날 일이 있으면 복도에서 해결합시다.

→ 위반하는 경우엔 어떻게

벌점 횟수에 따라, 1단계—방과 후 도서실에서 1시간 책 읽기, 2단계—토요 봉사활동 1시간, 3단계—학생부장님 면담하기 등의 벌칙이 단계별로 주어집니다. (교과 샘과 학급암행어사가 위반 여부를 체크합니다.)

반티를 만들어 입을까 하는데 똥포들 생각은?

인터넷에서 반티를 보았는데 멋진 것이 참 많았습니다. 값도 싸고.(5, 6천원 정도) 아래 의견란에 표시해 주세요. 찬성이 2/3이상 되면 추진하겠습니다. 학급활동이나 체육 시간 같은 때 입으면 좋겠지요.

기타

① 앞에서 칭찬했습니다만 토요일 날 봉사청소를 한 친구들을 보니까 대부분 〈스타파〉 멤버들이더군요. 그래서 샘이 상품으로 〈스타파〉 8명에게 피시방 1시간 대금을 쏘겠습니다! 좋지요?

② 오늘 〈수요 행복사탕〉은 홍정회장께서 낸 것입니다. 맛있게 먹읍시다.

자르세요

- - - ✂ -

아래 의견란에 ○표 하세요. 그리고 이름도 쓰세요.
2명을 추첨하여 사탕을 상품으로 줍니다.

반티 찬성	반티 반대	(반티가 결정되면) 반티제작위원회 활동을 희망합니다.	이름

十月

나는 2학기가 관건이다. 놈들은 갈수록 쇠심줄보다 질겨져 대책 없이 뻗대고 개길 것이다. 이 웬수들에게 휘둘리다 보면 그나마 있던 정도 떨어질 판이니 이 난관을 어찌 돌파한단 말인가. 그래도 간혹 이쁘고 대견한 놈들도 있지 않더냐. 정 힘들 때는 이놈들이라도 보면서 버티는 것이다. 여기부터 시작하자. 이쁜 마음도 제때 표현하지 않으면 그저 식은 불일 뿐이다. 이쁘면 이쁘다고 쓰다듬어 주자. 그렇게 소통하면서 충전한 배터리 힘으로 미운 놈까지 안고 가는 거다. 누구에게 따스한가 그래, 가 보자구!

드디어 '그분'이 오셨다. 가을.

눈 닿는 곳마다 낙엽이 분분하고, 바람 또한 소슬하다.

요즘엔 아침마다 아이들 사이에 끼어 책을 읽는다. 2학기 규칙 가운데 특별히 아침 시간에 집중 독서를 강조했지만, 그래도 여전히 눈을 치뜨지 않으면 소근소근 수다를 떨거나 눈을 피해 폰 게임을 하기 일쑤다. 규칙을 세웠다고 질서가 절로 돌아가지는 않는다. 규칙이 규칙으로서 권위를 가지려면 담임도 동참해야 한다. 담임이 아무리 물러터졌다 해도 저희들 옆에서 수염을 쓸며 책을 읽는데 조심하지 않을 수 있겠는가. 처음엔 시끌하다가도 슬금슬금 소란이 잦아 든다. 정 분위기 파악을 못하는 주책바가지가 있으면 쓰레기통을 비우고 오라는 식의 일거리를 안겨 준다. 가능한 독서를 권유하되, 조용히 교과 공부를 해도 제재하지는 않는다. 대신, 책을 다 읽고 또 다른 책을 읽기 시작하면 내가 속표지에 사인을 해 준다. 세 개 모으면 책을 선물로 준다. 혹, 모둠별 수행평가 등으로 모여서 상의할 일이 있다고 요청하는 패거리가 있으면 운동장 등나무 밑으로 보낸다. 아침 시간이라고 우격다짐으로 끌어안고 있을 필요는 없다. 단, 그냥 내보냈다가는 순찰 중인 학생부장에게 불문곡직 볼기를 맞을 수 있으니, ‘김도연 외 5명. 8시 50분까지 야외 집단토론을 허락합니다. 담임 백’ 이런 쪽지를 들려서 보낸다.

‘상황을 디자인하기’ — 전체 아이들이 조용히 고개 숙이고 뭔가에 골몰해 있으면 누구든 소리를 조심하게 되고, 출입할 일이 있더라도 사붓사붓 뒷문으로 드나들게 돼 있다. 나도 덩달아 아침이 차분해진다. 추분, 한로, 상강으로 이어지는 가을 아침은 얼마나 쾌적하고 애틋한가. 30분 짧은 시간이지만, 좋은 책을 읽으면 하루가 즐겁다. 어떤 때는 다 때려치우고 어디 경관 좋은 산사로 도망쳐서 온종일 아이들과 이렇게 책만 읽고 싶을 때도 있다. 필기하고 설명하는 것만 공부이겠는가. 오히려 안목을 틔워 준다는 점에서는 이 같은 독서가 백번 월등하다.

며칠 전엔 《우리교육》 9월호에서 강유원 선생 글을 몹시 유쾌하게 읽었다. 특히 “법이 사람의 삶의 전부는 아니다. 법의 여백을 채우는 것은 인간의 따뜻한 말 한 마디다.”라는 구절은 내내 마음을 환하게 했다. 책을 덮고 자문하기를,

— 나는 누구에게 따스한가.

요일별 계획을 책상에 붙여 놓고

계획은 많고 적음이 문제가 아니라, 끝까지 밀고 나갈 수 있는지, 즐거운 마음으로 감당할 수 있는지가 관건이다. 우리는 늘 '카리스마'를 고민하지만 카리스마가 따로 있겠는가. 작은 것이라도 끝까지 밀고 가는 일관성이 아이들을 사로잡는 힘이 된다. ─사실 나도 결심은 늘 이렇지만, 뒤끝이 물러서 뭔가를 야물딱지게 밀어붙인 기억이 드물다. 생각만 무성하지 잊고 까먹는 약속이 부지기수인 것이다. 이런 걸 고쳐 보겠다고 뭔가 생각날 때마다 포스트잇을 붙여 놓으니 책상 앞이 꼭 무슨 당집 같다. 그 틈에 요일별 활동 계획 쪽지도 끼어있다.

요일	챙길 일	까먹지 말고 요렇게!
월	비밀 편지 전하기	주말에 써서 아침에 슬쩍 건넨다. 한 통이라도 꼭 쓴다.
화	쪽지통신(허브통신) 배부	올해 목표 사업. 한 달에 두세 번은 꼭 발행한다. 힘들어도 연말까지 간다.
수	행복사탕 나눠 먹기	7교시 하는 날, 사탕이라도 하나씩 먹으며 버틴다. 미리 챙겨 놓는다.
목	영상(지식ⓔ) 함께 보기	아침 시간 활용, 승수에게 부탁해 미리 세팅을 마친다. USB 잊지 말기.
금	학부모에게 전화하기	주마다 한두 명씩 챙겨서 전화하기. 아이의 장점을 미리 살펴 메모해 둔다.
토	자율청소	청소당번 없는 날. 컨디션 좋은 놈이 남아서 한다. 간식 준비!

이렇게라도 해 놓아야 깜박증을 줄일 수 있다. 이 메모를 좀 더 자세히 풀어 놓으면 이러한 것이다.

월요일 ─ 비밀 편지 전하기

그간 수차 인용한 바 있지만, 나는 쪽지 편지의 유용성을 믿는 편이다.

그나마 가진 재주와 맞아떨어지는 소통방식인 탓이다. 미우면 미운 대로 고우면 고운 대로, 그때그때 속내를 밝혀서 건네 주면 마음이 한결 개운하다. 미움을 쌓아 두면 독이 되는 법, 이번엔 '똥패'도 생겼다. 인근 중학교에서 역사를 가르치는 아내도 같이 해 보겠단다. 아이들 뒷담을 하다가 둘이 이런 눈물겨운 '결의'를 했다.

2학기가 관건이다. 놈들은 갈수록 쇠심줄보다 질겨져 대책 없이 뻗대고 개길 것이다. 이 웬수들에게 휘둘리다 보면 그나마 있던 정도 떨어질 판이니 이 난관을 어찌 돌파한단 말인가. 그래도 간혹 이쁘고 대견한 놈들도 있지 않더냐. 정 힘들 때는 이놈들이라도 보면서 버티는 것이다. 여기부터 시작하자. 이쁜 마음도 제때 표현하지 않으면 그저 식은 불일 뿐이다. 이쁘면 이쁘다고 쓰다듬어 주자. 그렇게 소통하면서 충전한 배터리 힘으로 미운 놈까지 안고 가는 거다. 그래, 가 보자구!

청소를 서둘면 일요일 오후는 여유롭다. 고2짜리 아들놈만 독서실로 쫓아버리면, 차 한 잔 곁들여 책을 읽거나 엽서 쓰기에 딱 맞춤하다. 비담임인 아내는 한 통, 나는 두 통. 그러다 둘이 눈이 마주치면 이건 참으로 황망하다. 절대 집으로 일을 끌어들이지 않는다, 해 놓고 이 무슨 청승이란 말인가. 그러나 어쩌랴. 청춘은 가고 마음만 남았으니 그저 받아 주고 보듬으며 견디는 것밖에. 편지는 월요일에 슬쩍 아이에게 찔러 준다. 까짓 거 답장은 없어도 좋다.

한 달에 서너 번 발행하는 쪽지통신이 〈허브통신〉이라는 이름으로 그간 20호 남짓 나왔다. 꼬박 발간했다면 훨씬 호수가 늘어났겠지만, 학기 초에 반짝하다가 6, 7월 들어 좀 게으름을 부렸다. (자양고 송형호 선생님 같은 경우는 '종례신문'이라는 통신문을 내는데 하루도 거르지 않아 연말쯤이면 책 한 권 분량이 된다.) 쪽지통신을 활용하면 무엇보다 잔소리를 줄일 수 있다. 교사가 말이 많으면 아이들은 듣지 않는다. 스스로 읽고 판단하는 성찰도 다소 깊어지지 않을까, 이런 기대도 하고 있다. 게다가 올해는 학급문집을 만들 형편이 되지 않으니 이것으로라도 벌충을 할 겸 2학기에 다시 힘을 내고 있다. 바쁜 시기와 겹치면 약식으로 만들더라도 연말까지 꼭 이어갈 작정이다.

요즘엔 편집부원도 새로 뽑고, 단순한 전달 사항이나 정보만으로는 식상해서 아이들이 직접 참여하는 〈○○가 하고 싶은 말〉 같은 주제 코너를 신설했다. 뜻밖에 재미있는 글이 등장하여 통신에 대한 몰입도를 높이기도 한다. 며칠 전엔 '욕의 달인'으로 불리는 녀석이 이런 글을 올렸다.

안녕! 난 최아무개다. 지금 내가 이 글을 쓰는 9월 18일까지 같은 교실에서 같은 수업을 들은 지 6개월 18일이 지났다. ㅋㅋ. 반 배정을 받은 게 어제 같은데 말이야. 이러다가 곧 종업식도 오겠지. 내가 바라는 건 종업식까지 서로 존중하면서 지내는 거다. 아, 그리고…… 내가 욕 많이 한다고 뭐라 그러는데 욕쟁이 할머니 알지? 그곳에 오는 사람들은 할머니의 정이

듬뿍 담긴 욕이 듣고 싶어서 단골이 되는 거야. 내가 욕하는 것도 그런 관심 때문이지. 아예 관심이 없으면 욕도 안 해. 글구 내가 원래 소심한 편이라 마음을 제대로 표현하지 못해 그냥 욕으로 대신할 때도 있어. 하여튼 2학년 끝날 때까지 잘 부탁해. 알겠냐. 이 좀만한 쉐이들아.

금요일―학부모와 통화하기

개학 며칠 전에 한 아버지가 면담을 요청했다. 만나 보니 식이란 놈의 컴퓨터 중독이 문제였다. 방학 내내 컴퓨터에 파묻혀 살더니 이제는 아예 학원까지 때려치웠단다. 엄마가 제재를 가하면 욕을 하며 덤벼들고, 주마다 한 번씩 올라오는(주말부부이다.) 아버지에게도 눈을 부릅뜬다는 것이다.

― 어쩌면 좋습니까. 아이가 그간 학교생활은 정상적으로 했습니까?

아버지는 애 하나 버렸다 싶은 처참한 표정이었다. '다리몽둥이를 분질러 놓고 싶다.'는 표현도 서슴지 않았다. 판단컨대 식이의 증상도 시급했지만 아버지의 감정을 누그러뜨리는 것이 더 급해 보였다. 녀석이 욕을 많이 해서 그렇지(앞에 쪽지통신에 글을 인용한 최아무개가 바로 요놈이다.) 청소도 씩씩하게 잘 하고, 글도 잘 쓴다. 한 번은 놈의 글이 학교 소식지에 실리기도 했다. 아버지는 뜻밖이라는 듯 아이의 글(요즘엔 어쩐지 울적하고, 나 하나 없다고 세상이 바뀌는 게 없다는 생각도 하는데 '산다는 것은 이렇게 속으로 조용히 울고 있는 것'이란 신경림 시인의 〈갈대〉를 읽으면서 위로가 되었다는, 그래서 마음이 괴로운 친구에게 추천하고 싶다는 시 감상문이다.)을 찬찬히 읽더니 그 소식지를 가방에 챙겨 넣었다. 만나는 기회가 적다 보니 아버지는 아무래도 식이의 최근 현황에 대해 아는 것이 적었던 것이다. 이야기를 마치고 일어서면서 아버지는 명함을 건넸다.

— 혹시 식이가 아빠에 대해 섭섭한 것이나 뭐 아쉬운 점을 털어 놓으면 제게 좀 귀띔해 주셨으면 합니다. 녀석이 원체 말을 잘 안 해서요.

질풍노도, 사춘기 자녀를 학교에 보내 놓고 학부모로서 나는 내내 아슬하고 불안하다. 내 심정이 그러하거늘 다른 학부모도 크게 다르지 않을 것이다. 게다가 욕심이란 것은 끝이 없으니 아이의 못난 점만 자꾸 눈에 띄게 되고, 그래서 빚어지는 갈등은 또 얼마나 많은가. 가능한 아이의 장점을 찾아 부모와 소통하고자 하는 것도 그 때문이다. 칭찬과 격려는 때로 세상을 견디는 양식이 되곤 한다. 부모를 돕는 것이 결국엔 아이를 돕는 것이다. 학부모와 머리를 맞대고 대책을 논해야 할 만큼 심각한 문제 징후를 보이는 경우도 적지 않으나, 사실은 그조차도 아이에 대한 믿음으로부터 시작해야 한다.

어쨌거나 학부모와 통화하는 날짜를 금요일로 못 박아 놓으니, 이야깃거리를 챙기는 것이 한결 수월하다. 뭐 바쁘거나 할 말이 마땅치 않으면 건너뛰기도 한다. 그런데 정보를 모으는 일은 내 눈 하나로는 어림도 없다. 그래서 이런 쪽지를 교과 담임에게 돌려 도움을 청하기도 한다. 하여튼 사람이 어설프니 주변 사람에게 별 불편을 다 끼친다.

     이상대의 4050 학급살림 이야기

___________ 선생님께

우리 반 원수들 때문에 늘 고생 많으시지요? 그래도 꾹꾹 눌러 참으며 온화하게 아이들을 끌고 가는 선생님을 뵈면서 내심 배우는 것이 많습니다. 아이나 부모님 상담 자료로 활용할 예정이니 혹 수업 중에 선생님께서 포착하신 아이들의 장단점, 특징(아주 사소한 것이라도)이 있으면 한 말씀 적어 주시면 고맙겠습니다. 제 관찰로는 턱없이 부족해서요. 써 주시지 않아도 제 자리에 오시면 언제든 차 한 잔 대접해 드리겠습니다. 고맙습니다.

2-3 담임 이상대 드림.

이름	특성 (장, 단점)

토요일 ― 자율청소

한 달에 두 번 맞는 토요일은 처음부터 따로 청소당번을 정해 놓지 않았다. 종례를 끝내면서 "오늘은 컨디션 좋은 (혹은 잘 생겼다고 생각하는) 똥포들이 남아서 청소를 하자"고 그때그때 지원자를 받아서 해치웠다. 한 놈도 안 남고 도망치는 황당한 경험이 있기는 했으나, 그래도 대체로 몇 녀석은 남아서 빗자루를 든다. '청소를 잘 하는 놈이 인간성도 좋다'는 협박을 귀에 딱지가 앉도록 한 덕분이기도 할 것이다.

요즘엔 거의 '스타파' 녀석들이 전담을 하는 편이다. 1주일에 한두 번씩 피시방으로 몰려가 스타크래프트를 즐기는 게임 마니아들인데(언젠가

시키지도 않은 일들을 깔끔하게 해치우기에 그 상으로 한 시간 어치 게임비를 대주었더니 그 이후로 담임에게 충성을 바치고 있다. 이 안에 앞서 이야기한 현두도 들어 있다.) 공부엔 재주가 없어도 씩씩하고 구김이 없다. 청소를 마치면, 교사식당에서 토요특식을 얻어다 먹기도 하고, 학교 뒤꼍에서 라면을 끓여 먹기도 한다. 밥상머리에서 정이 난다고 녀석들과는 이래저래 정이 깊어졌다. 이제는 멤버를 좀 바꿔 다른 아이들과도 '놀아 봐야겠다.'는 생각을 하고 있다.

놀려면 이 정도는 놀아야

사실 나는 노는 것에 별 자신이 없다. 놀아 봐야 크게 놀지 못하고 그저 좁은 교실 안에서나 복닥거릴 뿐이다. 논다는 것이 어디 몸의 유희뿐이겠는가. 내용과 형식, 몸과 마음을 넘나들 수 있어야 진정한 '놂'이 된다. 신영복 선생의 《청구회 추억》도 좋은 본보기가 되지만 내 마음 속의 귀감은 박아무개 선생님이다. 지금은 제도권 학교를 그만두고 학교 밖 학교 활동에 헌신하고 있다. 그분이 오래 전에 써 놓은 글을 축약하여 아직도 보관하고 있는데, 읽는 감동은 변함이 없다. 놀려면 이 정도는 놀아야 하는 것이다. 나는 얼마나 더 내공을 쌓아야 이런 선생이 될 것인가.

우리 지역(경남 양산)에는 소극장은커녕 사회 문제가 될 만큼 흔한 그 비디오 감상실조차 없다.

학예회 정도는 봤어도 제대로 만들어진 연극은 한 번도 보지 못한 아이들이

     이상대의 4050 학급살림 이야기

대부분이다. 그래서 가까운 부산에 청소년이 관람할 만한 연극이 있으면 내가 먼저 관람을 하고 좋으면 극단과 교섭을 하여 단체관람을 하곤 한다. 꼭 내가 먼저 본 후에 결정을 하는 이유는, 자칫하면 너무나 부실한 공연을 보게 되어 다음 공연을 소개할 때 어려움이 많아질지도 모르기 때문이다.

현재까지 별 무리 없이 해마다 단체관람을 하는 비결은 '언제나 만족' 했던 경험 때문에 관람 희망자를 쉽게 포섭할 수 있다는 데 있다. 보통 학교 버스를 대절하여 왕복 차비 1천원을 받고, 입장료는 4천원을 할인 받는데, "와, 비싸다!" 하던 아이들도 공연을 본 뒤에는 "다음에 또 오지요!" 한다.

우리가 단골로 가는 소극장은 실직자녀 무료입장도 시켜 주므로 조금만 마음을 쓰면 반 아이들이 모두 함께 볼 수 있다. 소극장의 입장에서는 관객이 많으면 자리 확보에 어려움이 있으니까, 아예 공연이 없는 시간에(주로 일요일 아침 11시쯤) '우리만을 위한 공연' 을 배려해 주었다. 좀 더 많은 관객을 동원하기 위해 다른 반에도 홍보를 하고 함께 간다.

이건 좀 지난 이야기지만 '완전한 만남' 을 보러 갔을 때의 이야기다.

연극의 내용은 너무나 감동적이고 훌륭하지만 장기수 문제에 관한 내용이라 아이들에겐 좀 생소하고 어려울 것이라 생각되었다. 그래서 공연을 보러 가기 전에 연극의 주제를 미리 알려 주어 이해를 돕고, 연극 주제가 악보를 얻어서 아이들에게 가르쳐 주었다.

노래패 '희망새' 에서 주제가를 음반으로 냈기 때문에 그 테이프를 구입하여 들려 주고, 악보를 보면서 그 노래를 연습하였다. 그리고 이 노래가 연극의 마지막 부분에서 흘러나오며, 배경은 눈이 내리는 감옥이므로 쓸쓸

하고 슬픔어린 분위기로 불러야 한다고 강조하였다. 노래가 나오면 모두 일어서서 따라 부르기로 했는데 극단 측에 아무런 예고도 하지 않은 상태라 혹 실례가 되지 않을지 무척 걱정이 되었다.

그러나 연극이 진행되는 동안 아이들의 태도가 너무나 훌륭해서, 내용이 어려워 관람 자세가 나쁠지 모른다는 나의 우려가 빗나가는 기쁨을 안겨 주었다. 또 노래를 잘못 불러 공연의 분위기를 망치면 어쩌나 걱정했는데 연극 속에 동화된 아이들의 노래는 그 자체가 연극의 한 부분이었다. 몰래 훔쳐 본 아이들의 얼굴에 눈물이 흐르고 있었다.

저 멀리 고향 산천 따뜻한 품엔 / 사랑이 넘쳐나지만 / 이별 두고 흐르는 무심한 세월에 / 그곳은 꿈이라오. / 찬바람에도 슬피 우는 나뭇잎도 한 가지이고 / 산이별 슬픔을 안고 사는 우리는 한겨레 / 사람을 향한 사랑과 삶의 참된 길에서 / 하나 되어 만나자 가슴에 통일 꽃 안고 / 백두와 한라에 꽃물결 일렁이는 / 그날은 오리라 눈물이 마르기 전에

그 순간 공연을 하던 배우들의 눈동자가 놀라움으로 잠깐 흔들렸다. 이어서 아이들의 뜨거운 박수와 100원씩 걷어서 마련한 꽃다발이 전해졌다. 그러자 이번에는 배우들이 학생에게 뜨거운 박수를 보냈다.

연출 선생님은 "우리가 연극을 시작한 이래 최고의 관객을 만났습니다."라며 극단 관계자들을 불러 아이들에게 소개해 주었다. 돌아오는 길에 아이들의 표정은 뿌듯함으로 환하게 피어났다.

10월엔 중간고사, 종합 발표회, 체육대회 같은 행사로 내내 번잡스럽다. 매일같이 녀석들과 지지고 볶고 싸우던 참에, 문득 반티에 생각이 미쳤다. 인터넷을 뒤져 보니 가격도 저렴하고 색상과 디자인이 무궁무진했다. (아무 포털이나 들어가 '반티' 라고 치면 무수한 사이트가 뜬다.) 반 아이들에게 제안하니 그 자리에서 OK! 그러나 옷 문양과 글귀에 대해서는 의견이 제각각이다.

범생이파는 '3반 패밀리가 떴다' 혹은 '대두(내 별명이다.) 동네 아이들' 이런 식으로 가야 한다고 하고, 여학생 쪽에서는 '왜, 이쁜 것도 죄야?' 이렇게 튀어야 한다고 주장하고, 일부 남자 놈들은 '눈 깔아라~ 잉' 이렇게 크게 박아서 학교를 화악 쓸어 버리자고도 하고……. 티격태격하다가 결국엔 〈반티제작위원회〉를 만들어 일임하기로 했다.

헤아려 보매, 녀석들과 만날 날도 이제 100일이 채 남지 않았다. 그간 얼마만큼 크고 성장했는지, 무엇을 깨닫고 이루었는지, 하나하나 살펴 다독이는 밑작업을 농밀하게 시작해야 할 터, 10월은 이래저래 한 해 가운데 가장 분주한 때가 된다. 그런 교실 바깥으로 4050의 가을은 또 얼마나 서글프게 지나갈 것인가.

| 2008. 10. 1. (수) | 203 허브통신 | 19호 |

10월 첫날입니다.

곧 중간고사가 아가리를 딱 벌리고 있기는 하나, 창밖엔 슬슬 가을이 오고 있습니다. 모쪼록 3반 똥포들의 하루하루가 옆 사진의 글귀처럼 행복했으면 좋겠습니다. 행복은 저절로 오지 않습니다. 행복하려고 노력해야 찾아옵니다. 아, 옆의 사진은 샘의 이쁜 마누라입니다.

****

어제 원이가 샘 대신 경주에게 상 줄 때, 모두가 웃으면서 박수를 쳐주는 그 모습이 참 보기 좋았습니다. 원이도 재미있었고, 여러 똥포들은 오랜만에 맑고 순박해 보였습니다. 늘 그렇게 평화로웠으면 좋겠습니다. 샘이 계산해 보니까 앞으로 '2학년 3반' 이란 이름으로 우리가 만날 날이 88일밖에 남지 않았더군요. 조금씩 양보하고 배려하면서 알콩달콩 살아 봅시다. 남을 사랑하면 그만큼 자기 마음에 복이 쌓이고, 남을 미워하면 그만큼 자기 마음에도 독이 쌓이는 법입니다. 사랑은 배려이며 양보입니다.

지난 주는 좋은 일이 많았습니다.

① 경이가 상을 많이 받았습니다. 교내 학생 탐구대회에서 금상도 받았고, 외부(올림피아드)에서도 큰 상을 받았습니다. 축하 한마디씩! 아무래도 다음 행복사탕은 경이가 쏴야 할 것 같지요?

② 영어 더빙 대회에서 한 팀으로 출전한 미래, 현이, 은이, 승이, 찬이가 동상에 입상했습니다. 샘은 리허설 때 잠깐 보았는데 실력들이 대단했습니다. 원어민 선생님도 환타스틱을 연호했지요.

③ 선이는 전국 과학 독후감대회에 응모하여 3위에 입상했습니다. 상금이 무려 40만원 이라지요.

기타 이런저런

- **반티는 현재 진행중** 반티제작위원 활동을 자원한 친구들이 많은데 우선 진이가 대표로 여기저기 알아보고 있는 중입니다. 시험이 끝나는 즉시 본격 추진하여 10월 중순에는 입을 수 있도록 하겠습니다. 의견이 있는 친구들은 은이나 샘에게 조언을 부탁드립니다.

- **시험 시간표는**

며칠 남지 않았습니다. 지금부터라도 시간을 잘 활용해 봅시다. 무엇보다 수업에 집중하는 것이 중요합니다. 선생님 설명 속에 시험 문제가 날아다니는 것이 보일 때니까요. 특히 아침 시간 잘 활용하기!

	10.6.(월)	10.7.(화)	10.8.(수)
1교시	과학	한문	사회
2교시	기가	수학	영어
3교시	국어	도덕	일본어

이번 호부터 친구들의 글을 연재합니다. 첫 순서로 진이의 '나야, 이쁜이!' 를 싣습니다.

안녕! 나야 이쁜 진이!
요새 며칠 동안 내가 컨디션이 안 좋아서 표정이 좀 그랬어. 몸이 안 좋으면 마음까지 울적해지거든. 남자들은 잘 모를 거야. 그래도 이해하고 잘 봐주렴. 이쁘니까. ^ ^
그나저나 우리가 같이 지낼 날이 며칠 안 남았다니 마음이 쫌 이상해. 정도 많이 들었는데. 거기다가 우리가 곧 3학년이 된다는 거 아냐. 어떡해. 이제 미모도 포기하고 공부만 해야 된다니……. 슬퍼.
내가 상대 샘을 졸라서 일빠로 이 글을 쓰는 건, 우리 반티 때문이야. 좋은 의견 있으면 바로바로 물어다 주길 바래. 멋진 반티로 보답할게. 근데 색깔을 뭘로 할지가 가장 고민이야. 가을이니까 귤색으로 할까? 참, 내 책상에서 샤프 가져간 인간은 빨리 자수해. 글치 않으면 두고두고 복수할 거야.
모두 건강하고, 행복하게 잘 살자. 근데 에이즈 샘은 내년에 전근가시겠지?

十一月

헤어지는 것도

굳이 1인 1역 재정비로 11월을 출발하는 것은, 공동체 구성원으로서 각자 책임감을 다시 한 번 챙겨 보자는 것이다. 먼 길을 갈 때 중간중간 신발끈을 고쳐 매듯, 각자 역할을 추스를 때 남은 길도 쉽게 갈 수 있다. 아울러 전체를 돌아보는 일도 가능해진다. 나는 슬며시 뒤로 물러나 개개인을 어루만지거나, 빈틈을 채우는 데 주력한다. 아이들 44명이 한결같은 책임감으로 움직일 리 없다. 어쩌겠는가. 담임이나 힘이 남는 아이들이 소리 없이 하나씩 더 거들면서, 칭찬하고 격려하며 그렇게 어기여차 가는 **준비가 필요하다** 수밖에 없다.

11
월

아이들 틈에 섞여 출근을 하는데 교문께에서 누가 슬쩍 팔짱을 낀다. 돌아보니 원이란 놈이다.

— 샘도 이제 키 좀 크셔야지요.

녀석의 키는 나보다 머리통 하나는 족히 크다. 놈은 방학하는 날 호되게 '빳다'를 맞은 적이 있어 삐칠 법도 하거늘, 언제 그랬냐는 듯 오히려 넉살만 늘었다. 사내놈들은 이런 점에서 불가사의하다.

— 제가 현관까지 안전하게 모시지요.

아침 바람이 싸늘하던 참이었는데 옆구리가 따뜻해진다.

앞쪽을 보니 주이가 바삐 가고 있다. 주이는 여전히 아이들과 거의 말을 섞지 않고 그저 책만 보며 살고 있다. 그런 아이가 어제는, 내일이 자기 생일이니 축하해 달라며 수줍게 웃었다. 그 부탁이 내심 반가워 퇴근길에 볼펜 몇 자루를 사서 포장을 했다. 원이 놈에게 그것을 내민다.

—오늘이 주이 생일이란다. 이거 주면서 생일 축하해, 이렇게 한마디 해라.

녀석은 넵, 그러지요. 씩씩하게 앞서 나가다가 우뚝 걸음을 멈췄다.

—샘! 저는요? 생일 지났는데.

—임마, 네가 뭐가 더 필요하냐? 공부를 좀 안 해서 그렇지 키 크지, 잘 생겼지, 성격 좋지, 안 그래도 너는 가진 게 너무 많아.

녀석은 실제로 외양도 번듯하며 성격도 시원하다. 놈은 득의양양해서 손바닥으로 제 얼굴을 추켜 올리며 너털너털 웃는다. 하긴, 제가 좀 눈부시지요. 하핫. 칭찬은 좋은 것이다. 아낄 필요가 있겠는가. 잘 해서 칭찬하는 것이 아니라 잘 하라고 칭찬하는 것이다.

둘러보니 화단마다 은행잎이 수북하게 쌓였다. 가을이 벌써 이만큼 깊어졌다.

학생의 날 유감

그나저나 학생의 날을 너무 쓸쓸하게 지나쳤다. 겨우 작은 사탕 하나씩, 그나마도 어느 반에 오색떡이 배달되는 것을 보면서, 아차 싶어 형식 치레만 한 것이다. 2030 시절 힘이 넘치던 때는 학생의 날 준비를 학기 초부터 하기도 했다. 아이들 수만큼 공책을 사서 해당 아이에게 뭔 일이 생기거나 해 줄 말이 있을 때 차곡차곡 기록했다가 학생의 날 훈화와 함께 안겨 주었다. 감동이 어느 정도였던가는 기억이 흐릿하지만, 당시 마음만큼은 뜨거웠다. 그러나 이젠 칠판에 꽃 한 송이 붙여 주거나 사탕 하나

돌리는 것도 힘에 부치니 그만큼 게으름이 깊어진 탓이다. 노병老兵의 관성 같은 것.

지난 학교에서는 학생의 날이 몹시 유쾌했다. 그 학교는 당시 학생회가 한껏 푸르게 살아 움직였는데(물론 담당 선생님들의 헌신적이 노력이 있었다), 축제 같은 때는 공연 행사를 주관하면서 자체 연습한 통일 연극이나 풍자 연극을 올려 학교 관리자나 교사들을 아연 긴장시키곤 했다. 스스로 기획한 축제였던 만큼 아이들의 반응과 호응도 열렬했다. 그런 힘은 학생의 날에도 발휘되어, 당일 아침 교문 앞에서 학생회 임원들이 줄을 지어 도열했다가 등교하는 아이들을 박수로 맞았다. 아이들 가슴에 일일이 학생의 날 버튼을 달아 주고, 전날 밤새워 포장한 다과를 선물하는 장면은 감동적이기까지 했다. 그런 영향으로 그 몇 년은 학교 동아리 활동도 왕성했다. 그러나 학교 관리자 입김으로 축제가 격년제로 바뀌면서 학생회의 힘이 급격하게 위축되고 말았다. 사실 학생회가 살아야 학급회의가 살고, 학급회의가 살아야 학생들이 설 자리가 만들어진다. 그런 구도 없이 자기주도니, 미래사회 상상력이니 어쩌구 하는 것은 다 빈말일 뿐이다. 학생의 날이 처한 초라한 위상은 곧 학교의 부끄러운 초상이기도 한다.

아이들도 위로와 격려에 목마르다

이제 놈들과 헤어질 날이 두 달도 채 남지 않았다.

경험에 비춰 보면 11월 이때가 가장 중요한 고빗길이다. 자칫 이 시기를 방치하면 놈들이 '웬수'로 돌변하는 것은 시간 문제다. 규칙을 밥 먹듯 어기고, 믿을 수 없을 만큼 뻔뻔해지며 어떤 협박에도 굴하지 않는다. 옥 죄던 긴장을 한꺼번에 벗어 내려는 모험과 일탈의 분위기가 지나쳐 사방에서 경박이 끓어 넘치니, 멋진 끝내기는 개뿔이나! 결국은 돌아서서 저주를 퍼붓게 된다. 엄밀히 따진다면야 스스로 수행하고 책임지는 자율구도를 마련하지 못한 담임의 책임이 크다 하겠으나, 그럴지라도 학년말의 배반은 피차 쓰리고 아프다. 책은 가르친다.

> 훌륭한 교사란 어떤 교사인가. 교과에 정통하고 교과를 사랑하며, 학생을
> 좋아하고 이해할 줄 아는 교사이다. 또한 훌륭한 교사는 고난에 굴하지 않
> 고 넉넉하며, 세상에 관한 폭넓은 관심과 열정으로 가슴이 뜨겁다.

백번 지당한 말씀이다. 누가 모르랴. 그러나 학기말엔 어떤 가르침도 '전략적인 관리'를 보태지 않으면 그저 경전에 불과할 뿐이다.
무엇을 먼저 전략적으로 배려할 것인가.
지난 첫 주 회장단 회합에 이어 준이, 승이, 범이, 현이 이렇게 넷을 데리고 바닷바람을 쐬고 왔다. 우리 학교는 지리적 여건이 좋다. 국제공항로를 타고 달리면 학교에서 인천 을왕리 해변까지 50분이면 충분하다. 하교 후에 출발해도 도착하면 아직 해가 한 뼘은 남아 있다.
이 녀석들에겐 빚이 많다. 준이와 승이는 남들이 꺼리는 특별구역 청소를 자원하여 1년 내내 고생을 했다. 특히 승이는 정보부장을 겸하여 언제나 바쁜데, 아침 방송과 (빔 활용 수업이 유독 많은) 교과 수업이 이 녀석

손에 달려 있다. 꾀가 날 법도 한데 늘 유쾌하고 씩씩하다. 범이와 현이는 크게 도드라지는 아이들은 아니다. 그러나 게시판이나 교실 정비 같은 궂은 일을 할 때는 항상 곁을 지킨다. 때론 아직도 이런 녀석들이 있구나 싶을 때도 있다. 이들에게 뭔가 마음을 표시하고 싶었는데, 그간 일에 치여 생각만 구만리 같았다. 일종의 빚잔치 같은 것, 남은 두 달도 녀석들의 역할이 필요할 터였다.

바닷가에서 릴낚시도 던져 보고, 모래 축구도 하다가 해가 설핏할 무렵 커다란 양푼에 바지락 칼국수를 먹는다. 창 밖으로 노을이 찢어지면 그런 장관이 없다. 아이들은 양푼에 땀을 떨구며 온갖 수다를 늘어놓는다. 어떤 샘은 아직껏 우리 반을 미워하는 중이고, 누구와 누구가 연애를 시작했고…… 어둠이 짙어지고 돌아올 무렵에 음료수를 한잔씩 나눈다.

― 그간 고생했다. 너희들 때문에 우리 반이 그나마 여기까지 왔다. 앞으로 두 달, 이제 아이들은 갈수록 개기고 말 안 듣고 그런 난리가 없을 것이다. 너희만이라도 부화뇌동하지 말고 중심을 잡자. 놀 때 놀더라도 방송 장비 제때 잘 챙기고, 수업 전에 교탁이라도 한번 정리해 주고, 수업 끝나면 선생님 고맙습니다, 큰 소리로 인사도 하면서 최소한의 기둥 노릇을 했으면 좋겠다. 중심이 단단하면 크게 흔들리지 않는다. 아이들이 개념 없이 날뛰는 것 같지만, 뭐가 좋은 것인지 뭐가 잘못된 것인지는 안다. 선한 것이 존중받는 상황이 되면 누구든 그에 따르게 돼 있다. 샘은 우리 반이 그런 소중한 경험으로 마무리되었으면 좋겠다. 앞으로 여러 학급행사를 하게 될 텐데 자주 모여 머리를 맞대 보자. 어쨌든 샘은 늘

   이상대의 4050 학급살림 이야기

너희들에게 미안하고 고맙고 그렇다.

일을 확인하고 추스르는 것으로 아이들을 격려한다. 진심으로 이 아이들이라도 남을 돕는 감동을 맛보았으면 싶다. 녀석들은 말없이 고개를 주억거린다. 학기말의 거칠고 위태한 분위기가 팽배할수록 사실은 격려가 필요하다. (고백컨대 누구 하나의 손길도 없이 쪼그라진 대추처럼 학창 시절을 보냈던 나는 반사적으로 이런 지점에 예민하다.) 그들을 섬세하게 보듬고 헤아려야 그나마 일상의 회복이 가능해진다. 학기 말엔 일상이 안정적으로 운용되는 것만으로도 '눈부신 성과'라 할 수 있다. 일상이 안정돼야 마무리 상(床)에 감이나 대추라도 하나 더 얹을 수 있지 않겠는가.

쓸쓸한 아이들을 위하여

헤아려야 할 청춘들은 도처에 많다.

2학기 들어 1주일에 한두 번은 꼭 아이들과 점심 급식을 함께 하고 있다. (같이 줄을 서서 반찬을 더 달라, 덜어라 흥정을 하다 보면, 놈들은 담임이란 사람이 제자들 밥을 빼앗아 먹는다고 잔소리를 늘어놓는다. 그래도 꿋꿋하게 내 식량을 확보한 후 목청 높여 인사를 한다. 고맙게 잘 먹겠슴다!) 밥을 타면, 같이 먹자고 자리를 내주는 축과 함께 할 때도 있으나, 되도록 따로 떨어져 있는 아이들을 고른다. 성이나 근이 (이놈들은 소리 없이 웃기만 할 뿐 거의 말이 없다. '샘이 너희들 집에 가 보고 싶은데, 샘이 가면 라면 끓여줄래?' 해도 웃고, '우리 피씨방 가서 스타 한 판 할래?' 해도 웃는다.)랑 먹기도 하고, 주이나 연이와 마주 앉기도 한다. 이 아이들은 밭가에 홀로 핀 꽃 같다. 누구든 친구 삼자고 찾아오면 언제든 응할 의사가 있으되 제가 먼저 나설 용기가 없어 늘 그림처럼 앉아만 있다. 어찌어찌 그룹 활동으로 엮어 놓아도 일정 기간이 지나면 또 혼자 떨어져 있다. 그러나 한 번도 규칙을 어기거나 허튼 짓을 한 적이 없다. 그래서 더 눈물겹다.

밥을 먹으며, 요즘도 태권도 배우느냐, 엄마 하시는 일은 잘 되느냐, 다음에 누구랑 짝을 하고 싶으냐, 이렇게 물으면서 내 반찬을 덜어 주기도 하고 녀석의 반찬을 한 점 집어 먹기도 한다. 그렇다가 이번에 1인 1역을 조정해서 연말까지 갈 예정인데 혹시 하고 싶은 게 있냐고 물으면 다시 말이 뚝 끊긴다. 기어코는 내가 속내를 밝힐 수밖에 없다.

—너는 항상 수첩에 준비물 같은 것을 메모하던데, 이번엔 네가 숙제 알림이 그거 했으면 좋겠다. 글씨도 잘 쓰지 않느냐.

그제야 조금 밝은 얼굴로 고개를 끄덕인다. 어찌되었든 이들은 적응력과 자존감 회복이 관건이다. 조직 안에서 뭔가 한몫을 해냈다는 자신감을 키우지 않고는 3학년에 진급해서도 여전히 혼자 떠돌며 제 속을 끓일 것이다. 스스로 작심하지 않으면 근본적으로 바뀌기 어렵다. 교사는 다만 그 곁에서 계기를 제공해 줄 뿐이다.

교실 분위기를 새롭게 바꾼 까닭은

중간고사가 끝나면서 얼마간 학급비를 추렴하여 교실 분위기를 바꿔 놓았다.

창가에 꽃 화분을 다시 들여 놓고, 뒤 게시판 융판도 새로 깔고, 휴지걸이, 기타 잡다한 생활용품(자, 풀, 가위, 일회용 반창고, 종이찍개 등등)을 갖춘 도움상자도 보강했다. 남자애들 땀 냄새 때문에 못 살겠다는 여자애들의 원성에 방향제도 몇 개 갖춰 놓았다. 눈치 둔한 놈조차 고개를 두리번거린다.

— 샘, 뭐가 달라진 것 같아요.

— 이제 헤어질 준비해야지.

그렇다. 헤어지는 것도 준비가 필요하다.

먼저 1인 1역을 통합 조정하여 내가 개입하지 않아도 기본적인 틀이 운용될 수 있게 시스템을 갖춘다. 그동안 없던 것은 아니었으나, 그저 시늉일 뿐인 영역이 많아서 급하면 회장단이나 주번 손을 빌리기 일쑤였다. 일종의 자치 마무리 같은 것— 출석부나 일과 진행, 출결 상황 관리(결석이나 지각 상황을 체크하고 해당 학생에게 연락하여 사유를 확인한다.), 자율종례, 유인물 관리 같은 공식적인 일에는 책임감이 강한 녀석으로 재배정하고, 나머지는 원하는 자리에 앉혀 자발적인 책임감을 다시 한 번 당부한다. 놀기 좋아하는 녀석들은 '오늘의 식단'이나 'TV편성표 미리보기' 같은 재미거리를 가져가고, 쓰고 꾸미기를 좋아하는 은이와 현이는 '칠판 편지'를 맡았다. 은이 같은 경우는 시키지 않아도 1주일에 두 번, 청소하는 무리에 섞여 칠판을 깨끗하게 닦은 뒤 내일 아침 인사를 미리 써 놓고 귀가한다.

안녕! 좋은 아침이야. 기말셤 공부하느라 고생 많지. 그치만 너무 빡세게 하지는 마. 앞으로 5년 동안 전쟁인데 힘을 남겨 둬야지.(난 역시 너무 착해!^^) 참, 요즘 우리 반에 딴 반 애들 너무 많이 오는 것 같지 않니? 우리 반끼리 오손도손 살았으면 좋겠어. 오늘 하루 잘 보내. 3반의 귀염댕이 은이가.

굳이 1인 1역 재정비로 11월을 출발하는 것은, 공동체 구성원으로서 각자 책임감을 다시 한 번 챙겨 보자는 것이다. 먼 길을 갈 때 중간중간 신발끈을 고쳐 매듯, 각자 역할을 추스를 때 남은 길도 쉽게 갈 수 있다. 아울러 전체를 돌아보는 일도 가능해진다.

나는 슬며시 뒤로 물러나 개개인을 어루만지거나 빈틈을 채우는 데 주력한다. 아이들 44명이 한결같은 책임감으로 움직일 리 없다. 어쩌겠는가. 담임이나 힘이 남는 아이들이 소리 없이 하나씩 더 거들면서, 칭찬하고 격려하며 그렇게 어기여차 가는 수밖에 없다. 한 회사원이 있다. 그는 사람만 좋지 외모나 경쟁력에서 뛰어나지 않아 툭하면 지적의 대상이 된다. 실적이 낮아 상사에게 꾸지람을 받기도 한다. 그래서 커피를 뽑아 돌리거나 잔업에 걸린 후배를 도울 때면 제 앞가림이나 잘 하라는 눈치를 받는다. 그런데 어느 날 그가 부인의 병을 간호하려고 휴직을 한다. 그러자 회사에 이상한 틈이 보이기 시작한다. 아침마다 번지던 커피 향이 사라지고, 휴지통엔 휴지가 넘쳐나고, 서류들은 뭐가 어디에 있는지 뒤죽박죽 섞이기 시작했다. 사람들은 점점 짜증난 얼굴로 변해갔다.

이상대의 4050 학급살림 이야기

―왜 그 사무실에 여유가 사라졌을까. 왜 그랬을까. 이런 훈화도 해 가면서.

11월, 양념 같은 것들

뭘 할 게 없을까, 지지난해 만든 학급문집을 들춰 보니 이맘때 기억이 새삼스럽다. 〈남&여학생 X파일을 공개한다〉〈2학기 사건일지〉〈은근슬쩍 칭찬일기〉 같은 것은 지금 봐도 재미있다. X파일은 당시에 인기가 높았다. 남녀 학생 각 1인이 비밀리에 상대편 학생들의 행태를 낱낱이 관찰하여 각각 일기 형식으로 옮기는 것이었는데, 2주 단위로 발표되면서 흥미를 끌었다. 학년말 거의 막장까지 이른 녀석들의 행태가 고스란히 까발려지면서 과연 누가 집필자냐를 놓고 일대 추적전이 벌어지기도 했다. '2학기 사건일지' 도 그림처럼 선명하다. 아, 이놈들은 기억이나 하고 있을까.

11월 20일. 범석이가 줄넘기로 이소룡 흉내를 내다가 자기 얼굴을 때리고 돌아서서 울었다.

11월 21일. 우영이가 할아버지 49재로 결석한 날. 영상이와 정원이가 야한 만화를 보다가 수학 샘께 빼앗겼다. 이를 되찾아온 상대 샘이 좋은 걸루 하나 복사해 달라며 돌려주셨다. 변태?

11월 23일. 윤선이가 배식을 하면서 자기 짝꿍이라며 김승윤에게 만두를 두 개나 더 얹어 주고 응큼한 눈길로 찌익 쳐다보았다. 이런 쥐일! 나리가 사흘 만에 학교로 돌아왔다. 이제 고마 됐다, 그만 해라.

11월 28일. 여우비가 왔다. 우리 반 1등 승윤이가 코피가 났다. 모두 그럴 만하다는 눈으로 우러러 봤다. 아마 석영이가 그랬으면 야한 생각을 했다거나 코딱지 파다가 그랬다고 욕이나 먹었을 것이다.

그간 해 왔던 것들 가운데, 이번엔 '편지함 릴레이'를 도입하기로 한다. 몇 해 전 효과를 거둔 것인데, 올해 녀석들이 당시 아이들과 분위기가 비슷하다. 관심을 끌지 못해 안달인.

— 낼부터는 앞 번호부터 이름이 붙은 상자가 하나씩 놓일 것이다. 그날은 그 아이의 날이다. 예를 들면 우리 반 1번은 강민주이니까 첫날은 민주의 날인 것이다. 이 통은 무슨 통인가. 편지함이다. 그간 이 친구와 맺힌 원한이 있으면 편지를 통해서 풀고, 고마운 일이 있으면 사탕이라도 하나 붙여서 고맙다는 인사를 하자.

혹 편지가 한 통도 안 오는 애들은 어떻게 하는가. 미리 어여쁜 편지지와 필기구 같은 것들을 준비해서 학급함에 비치해 두면 그럴 염려는 없다. 아침 시간을 편지 쓰는 시간으로 정례화하고, 필요한 만큼 가져다 쓰게 한다. 서너 명쯤 지원을 받아 다음 날 쓸 편지함을 꾸미면서 미리 편지를 넣어 둘 수도 있다. 물론 담임도 같이 쓴다. 12월 중순쯤 끝날 수 있게 학급 인원수를 헤아려 역산하면 딱 이맘때가 적기이다.

 이상대의 4050 학급살림 이야기

무엇을 하든 11월에 요모조모 챙겨 놓아야 12월 마무리에 아쉬움이 줄어든다. 설령 일상이 비슷한 호흡으로 거칠게 반복될지라도, 어느 시인의 말마따나 새로운 것은 언제나 낡은 것들 속에서 싹튼다. 얼고 시들어서 흙빛이 된 겨울 이파리 속에서 씀바귀 새 잎은 자란다. 희망도 그렇게 쓰디쓴 향으로 제 속에서 자라는 것이다. 가장 많이 고뇌하고 가장 많이 싸운 곪은 상처, 그 밑에서 새 살이 돋는 것처럼.

| 2008. 11. 11. (화) | 203 허브통신 | 21 호 |

벌써 11월하고도 11일입니다. 빼빼로데이!
이제 우리가 만날 날도 한 달 남짓 남았습니
다. 본격적인 마무리 철입니다. 기말고사 준
비 겸해서 차분하게 나를 돌아보고 친구를 살
피는 마무리가 되었으면 좋겠습니다.

****

요즘 샘이 섭섭했던 이야기

지난 10월 말 거북이 마라톤 때 진짜 속상했습니다. 알지요? 여학생들 뛰기 싫어
서 미적미적 남들 뒤에 따라가다가 결국은 길을 잃고 다 되돌아왔지요. 15명 여학
생 가운데 완주한 똥포는 겨우 3명. 완주 인원을 거짓으로 다 뛰었다고 보고를 하
면서 낯이 뜨거워 혼났습니다. 그날 홍이가 마침 사탕을 사오기도 해서 샘은 마중
겸해서 골인 지점에서 기다리고 있었는데……. 솔직히 며칠 동안은 여학생들 얼
굴도 보기 싫었지요. 샘이 제일 싫어하는 것이 움직이기 싫어하는 거, 해 보지도
않고 불평만 터뜨리는 것인데 그날 여학생들이 그랬어요. 전력질주는 하지 않더
라도 두셋씩 손잡고 뛰며 걸으며 주변 경치도 보고 그렇게 한 바퀴 돌았으면 얼마
나 이뻤을까요.

그래도 대견한 친구들은 있지요.

① 어제 아침청소 때 뒤에 남아서 그 더러운 창고의 청소 도구를 깔끔하게 정리한

근이와 재희, 주번 역할을 표내지 않고 성실하게 해낸 준이, 놀토 때마다 노인 요양 시설에 봉사활동을 다녀오는 혁인이(누리단 담당 선생님이 늘 칭찬하지요.) 이런 친구들이 있어서 학급과 세상이 그나마 유지됩니다.

② 거북이 마라톤 때 얼굴이 발개진 채로 우리 반 중에 맨 먼저 들어오던 승이, 준이, 그리고 주이, 멋졌습니다. 긍정적 자아는 비타민보다 힘이 세지요.

→ 이 친구들에겐 작지만 므훗한 상품이 주어집니다. 현재 상품을 만들고 있는 중입니다.

공모합니다.

뒷게시판이 비었지요?

뒤에 걸고 싶은 것을 A4 크기로 편집해서 USB에 담아오면(메일로 보내도 됩니다.) 전지 크기로 확대해서 게시할 예정입니다.(우수작은 시상) 현재 송이가 좋아하는 연예인 사진을 편집한 것이 하나 들어와 있는데 아무것이나 좋습니다. 혈액형 이야기도 좋고, 시험정보, 환경 이야기, 음식 이야기, 과학정보, 좋아하는 동물이나 사람 이야기 등등 아담하고 유쾌한 환경 속에서 학년말을 보내고 싶습니다.

학급비 사용 내역

그동안 모금한 학급비를 꽃 사는데 4만원, 휴지와 휴지걸이 사는데 1만 8천원을 썼습니다. 남은 학급비는 학급에 필요한 이런저런 용품을 사는 데 쓸 예정입니다. 혹시 필요한 것이 있으면 언제든 요구하세요. 참, 5천원이 넘는 거금을 학급비로 기탁한 승이에게 고맙다는 말 전합니다.

十二月
●

아쉬움이

이토록 큰 것은

나는 교사로서 오히려 퇴보하고 있는 것은 아닌가. 언젠가 읽은 '우리가 후회하는 것은 실패했기 때문이 아니라 미루고 도전하지 않았기 때문'이라는 구절이 꼭 날 겨냥하는 것 같아 뜨끔한 적이 많았다. 그러나 어찌 되돌릴 수 있겠는가. 일단 눈앞에 펼쳐진 '오늘'에 충실하는 것으로 마무리 수순을 밟아 가는 방법밖에. 아직도 꿈은 멀리가지 않고 내 곁을 서성이고 있다고 주문을 걸어 보는 것이다.

12
월

11월 하순, 숙모상을 치르느라 사흘 휴가를 냈다. 선산에 망자를 모시는 날엔 눈이 흩날렸다. 첫눈, 하염없는 눈발에 잠시 망연해 있는데 핸드폰이 울렸다. 폴더를 열어 보니 그 사이 도착한 문자가 여러 통이었다. '샘, 힘 내셔요' '빨리 오세요. 강사 샘이 무서워요.' 그런데 살펴보니 학급 놈들이 보낸 것은 하나도 없다. 하긴 무소식이 희소식이라고 차라리 다행이다 싶다. 그런 중에 형수가 들여 준 새끼손가락 봉숭아꽃물이 눈에 들어 왔다. 첫눈이 이토록 분분한데 아직도 반이나 남아 있다. 언감생심, 첫사랑을 운운할 수 있겠는가. 그저 첫다짐에 매달려 노심초사할 뿐이니……. 하산하면서 현이란 놈에게 전화를 넣었다.

— 별 일 없지?

그랬더니 녀석의 대답에 망설임이 없다.

— 그럼요. 수업 시간마다 혼나면서도 꿋꿋하지요.

장하다, 웬수같은 놈들!

아이들보다 더 노여운 것은

어느새 12월! 결국 학년말까지 왔다. 첫출발을 하면서 간절히 염원했던 것은, 학년말에 이르기까지 '지치지 않는 것'이었다. 3월에 이렇게 썼던 기억이 난다.

> 두려운 것은 다른 게 아니라, 좀 더 정직하게 말하면 아이들의 마음에 들지 않는 부분조차 일견 수용하는 척 애를 쓰다가 지쳐 떨어지는 것이다. 그러다가 기어코 학교나 당국보다는 아이들이 노여워지지는 않을까 두려운 것이다.

지쳤는가. 꼭 그렇지는 않다. 힘에 부치긴 하되, 아이들과의 관계만 놓고 따지면 오히려 살가우며 따습다. 교실에 올라가면 집적거리는 놈이 많아서 그렇지 나쁜 감정을 품고 외면하거나 눈을 부라리는 놈은 없다. 밧데리 충전하시라며 기색을 살펴 제 손을 내미는 고마운 놈들도 있다.(아이들 손은 따습고 보드랍다. 그런 손을 꼭 맞잡고 있으면 우울조차 평온하게 가라앉는다. 밧데리 충전이 따로 있으랴.) 저희들끼리도 티격태격 정답다. 문제는 내 자신이다. 어쩐지 패인 옷을 입은 것처럼 헛헛하고 등이 시린 것이다. 적당히 의무방어전에만 충실한 것은 아니었는지. 친구 문제로 여전히 위태한 줄타기를 거듭하고 있는 여자아이들을 대하거나, 무력감으로 엎어져 있는 몇몇 아이들의 등짝을 볼 때마다 그런 자책이 더 따갑고 아프다. 부쩍 의견머리가 커 있는 아이들을 볼 때도 마찬가지이다. 한발 더 나갔어야 할 것들, 이를테면 상황별 집단상담이나 가정방문 같은 적극적인 대안들이 지난 달 수첩에 그저 계획으로만 널브러져 있는 것이다. 두발 문제나 핸드폰 규정처럼 아이들이 맞닥뜨린 인권 갈등에도 짐짓 물러서 있다.

나는 교사로서 오히려 퇴보하고 있는 것은 아닌가.

언젠가 읽은 '우리가 후회하는 것은 실패했기 때문이 아니라 미루고 도전하지 않았기 때문' 이라는 구절이 꼭 날 겨냥하는 것 같아 뜨끔한 적이 많았다. 그러나 어찌 되돌릴 수 있겠는가. 일단 눈앞에 펼쳐진 '오늘' 에 충실하는 것으로 마무리 수순을 밟아 가는 방법밖에. 아직도 꿈은 멀리 가지 않고 내 곁을 서성이고 있다고 주문을 걸어 보는 것이다.

게시판 앞에서

학년말 고사를 치른 우리 반은 무슨 라면 광고처럼 늘 뽀글뽀글 끓는다. 잔소리에 고함이 그칠 날이 없다. 그래도 고마운 것은 옆 반처럼 포커나 맞고에 정신을 빼기보다는, 몰려다니며 축구를 하든, 수다를 떨든 뭔가 궁리가 많다는 것이다. 덕분에 뒷게시판에 아직 숨이 붙어 있다. (11월에 시작한 편지함 릴레이는 학년말 고사를 치르면서 끊기는 바람에 일단 2월로 미루어 두었다.)

뒷게시판은 수시로 새 것으로 교체중이다. '게시판은 우리 반의 심볼 같은 것'이라며 꼬드겼는데, 상품으로 내건 문화상품권의 위력인지 아이들이 한껏 욕심을 내고 있다. '빅뱅이 간다' 같은 연예인 기사에서부터 '혈액형별 공부 방법' '먹으면서 죽는다' 등 주제도 천차만별이다. 어떤 주제가 되었든 A4용지에 편집해서 메일로 보내거나 USB에 담아오면 학교 플로터로 전지 크기로 확대 출력해서 뚝딱 게시할 수 있으니, 간편하고 산뜻하다. 나도 가끔 디카로 찍은 아이들의 엽기 표정을 올려 교실을 술렁 뒤집어 놓는다. 최근에 가장 인기를 끈 것은 '한글 이름으로 보는 궁합'이란 것인데, 옆 반 아이들까지 몰려와서 법석을 떨었다. 어디 인터넷에서 퍼서 편집을 했다는데, 어떤 여자애는 제 이름과 내 이름을 대보았다며 황당한 낯빛으로 달려왔다.

— 샘과 제가 글쎄, 결혼할 운명이래요.

— 내가 30년만 늦게 태어날 걸 그랬나.

— 노! 난 샘처럼 안 씻고 눈 작은 사람은 한 트럭이 와도 사양이거든요.

마무리 상담에서 생활기록부까지

이런 분위기를 등에 업고 마무리 상담을 시작한다. 시작 상담이 있으면 마무리도 상담도 필요한 법, 이제 하나씩 챙겨서 진급시킬 준비를 해야 한다. 그렇다고 무슨 거창한 형식을 갖춘 것은 아니고, 음료수라도 한 잔씩 마시며 이런저런 이야기를 나누는 그야말로 방담 수준이다. (마무리 집단상담을 도입했으면 싶은데, 맞춤한 방식을 찾지 못해 입맛만 다시고 있다.) 친한 친구끼리 묶어 방과 후에 만나기도 하지만, 비는 수업 시간에 교과 선생님의 양해를 얻어 부를 때도 있다. 그러나 아무리 방담이라고 해도 일정 부분 자료는 필요하다. 아이들은 자신에 대해 어느 정도 알고 있다는 믿음이 있어야 말문을 연다. 학급일기나 교과 선생님들의 지적도 중요 정보가 되지만, 뭐니 해도 친구들의 귀띔이 진실에 가까울 때가 많다. 학년말 고사 직후, 옆의 자료 같은 설문을 활용하면 아쉬운 대로 정보를 모을 수 있다. 이런 정보를 잘 갈무리하면 생활기록부 종합란을 쓸 때도 요긴하다. 계발활동이니 봉사활동 같은 것은 시간품을 들이면 해결할 수 있지만 종합란을 쓸 때는 여간 곤혹스럽지 않다. 그리하여 결국엔 별 특징 없는 여남은 아이들에겐 '조용하고 온유하나 적극성이 요망됨' 같은 그야말로 '돈 벌면 잘 살겠다' 식의 두루뭉술한 평을 써 놓고 덮게 되는 것이다.

어쨌거나 교사는 어떤 평가 형식이 되었든 어느 정도 '깨질' 각오를 해야 한다. 올해 어땠는지, 처음 계획에 비해 어느 정도의 성취를 얻었는지, 특히 어떤 후회가 남는지에 대해 이야기를 듣다 보면 담임이란 자가 얼마나 모르는 것이 많으며, 무심했는지에 낯이 후끈해지는 것이다.

— 그때 제가 샘한테 문자 보냈을 때, 진짜 심각했거든요. 성적이 이게 뭐냐고 차라리 집을 나가라는 바람에 울컥해서 문을 박차고 나오긴 했는데, 갈 데는 없지, 샘은 문자 씹고 감감무소식이지, 진짜 한강 갈 뻔했어요.

( )가 쓰는 학년말 친구 이야기	이 설문은 주변의 친구들을 챙기기 위해 만든 자료입니다. 선생님만 보는 자료이니 솔직하게 적어 주면 고맙겠습니다. 따스한 격려와 위로, 충고는 우리가 마지막으로 나눌 수 있는 선물입니다.

올해 내가 꼭 칭찬하고 싶은 친구 셋

이름	이유 (구체적으로 예를 들어 자세히 쓰세요.)

내가 충고해 주고 싶은 친구 셋

이름	이유 (구체적으로 예를 들어 자세히 쓰세요.)

그럴지라도 상담은 등 두드려주는 격려로 마무리하려고 애를 쓴다. 아무리 눈에 보이는 단점이 많다 해도 이들은 가파르게 성장 중인, 겨우 열다섯 살짜리인 것이다. 수천 번 변하면서 크는 것이 아이들이다. 게다가 곧 진급을 앞둔 이 아이들에겐 더 큰 불안과 고통의 시간들이 아가리를 떡 벌리고 있지 않은가. 이런 때엔 격려만한 버팀목이 없다.

성적이 최하위권인 녀석들도 따로 묶어서 만난다.
생활기록부를 정리하다 보니 봉사활동 시간을 채우지 못한 녀석들이 여섯 명인데, 모두 이 녀석들이다. 그러고 보니 오며 가며 장난만 걸었지, 녀석들을 내용상으로 챙긴 적이 별로 없다. 핑계 김에 따로 불러 집단 진로지도도 겸 위로회를 연다. 근이, 건이 하나같이 그저 순하고 물러터진 녀석들이다. 성취의 경험이 없으니 녀석들은 뭘 해도 집착을 보이지 않는다. 시간 나는 대로 컴퓨터 게임이나 즐길 뿐. 장래 희망도 그저 막연하게 프로게이머나 공무원 이런 식이다. 사실 이런 녀석들이야말로 적극적으로 개입하여 뭔가 목표라도 하나씩 지니게 했어야 하는데, 겉만 살피고 말았다. 한 발짝을 더 나가지 못한 것이다. 같이 과자를 먹으면서도 속으로는 입맛이 쓰다. 각자 분발을 당부한 뒤, 녀석들을 그룹으로 묶어 봉사활동 장소를 나누고, 방학 때 다시 만날 약속을 잡는다. 그래도 녀석들이 담임이라고 거리감을 갖고 있지 않으니, 함께 할 시간을 더 벌어 보자는 속셈이다.

인상적인 수업 이야기—동료 교사도 챙겨야

아, 이것도 빼놓을 수 없다. 우리 반 웬수들에게 휘둘린 교과 선생님을 어찌 그냥 지나가랴. 11월 말쯤, 수업 한 시간을 떼어 아이들 앞에서 딱 분위기를 잡는다. 뭔가 해야 할 것 같은.

— 그간 너희들은 열두 분의 교과 샘들과 함께 1년을 보냈다. 너희들은 샘들을 두고 이러쿵저러쿵 뒷말이 많지만, 술자리에서 만나 보면 나보다 너희들을 잘 알고 있는 샘도 계시고, 이야기 끝에 눈물을 보이는 샘도 계신다. 나름대로 최선의 진심을 바친 것이다. 그에 비해 우리는 과연 샘들의 수업과 진심에 호응했는가 되새겨볼 필요가 있다. 샘들이 좋은 샘이 되느냐, ‘나쁜’ 샘이 되느냐는 사실, 상당 부분 너희들 손에 달려 있다. 수업 장면에 진지하고 예민하게 반응하는 데 자기를 계속 업그레이드하지 않을 선생님은 없다. 오늘은 가슴에 손을 얹고 그런 이야기를 풀어내 보자. 가장 인상적인 수업 이야기— 물론 죄송함이나 불만이 있었다면 이 기회에 털어 놓아도 좋지만, 가능한 수업 상황에 집중해 보자. 내용이 좋았거나, 너희들이 행복했던 순간은 없었는지, 높이 살만한 그 선생님만의 긍정적인 일관성은 없었는지 맞춤법이 틀려도 좋으니, 자세하게 써 보자.

그런 다음 깔끔한 편지지나 색지를 한 장씩 돌린다. 이때, 특별히 아이들과 관계가 좋은 선생님이 있는 경우에는 대부분 그쪽으로 집중되므로,

담임과 그 선생님께는 따로 쓸 기회를 줄 터이니 피하도록 한다. 어떻게 꼬드겨도 쓸 내용이 없다거나 쓴다 해도 한두 줄 쓰고 마는 녀석이 없는 것은 아니나, 분위기 장악 여부에 따라 절반쯤은 기억을 더듬어 교과 수업 장면을 담으려고 애를 쓴다. 몇몇 녀석들의 시선은 매우 섬세하고 명민하다. 어린 선생님이라고 아이들이 개기고 떠들어서 그렇지 수업에 집중해 보면 수업 내용이 놀랍도록 정연해서 듣는 것만으로 정리가 된다는 식의, 당사자가 읽기에 따라 코가 시큰할 정도로 구구절절한 것도 있다. 이렇게 고르고 솎아낸 글은 교사별로 분류해서(보통 6, 7명의 선생님에게 집중된다.) 큰 봉투 안에 담는다. 그리고 봉투 위에 담임의 편지를 한 장 붙인다.

우리 반 때문에 속 많이 상하셨지요. 어찌어찌하다가 수업 시간에 샘들의 수업을 소재로 글을 썼는데, 꼭 전해 드려야 할 것 같아 이렇게 모아 보았습니다. 워낙 번잡스런 녀석들이라 수업을 하기조차 힘드셨을 텐데, 이토록 또렷한 호감과 반응을 끌어내시다니 오히려 제가 더 고마울 지경입니다. 한 수 배우기도 했으니 거듭 감사의 인사를 드립니다. 얼마 남지 않은 기간이지만 아이들과 함께 하는 행복한 시간이 이어지길 기원합니다. 선생님 정말 고맙습니다.

편지를 못 받은 선생님을 고려해 서류 봉투는 당사자만 볼 수 있도록 퇴근 무렵 책상 위에 슬쩍 놓아드린다. ―교실에서 우리는 얼마나 외롭고

    이상대의 4050 학급살림 이야기

쓸쓸한 투쟁을 벌이는가. 말을 안 해서 그렇지 얼마나 은근하게 아이들과의 교감을 기다리는가. 이런 때에 승진과 상관없이 고독한 무관無冠의 길을 가는 우리들에게 아이들의 박수만한 훈장이 또 어디 있겠는가. 설령 상투적이고 빈말이 다소 섞였을지라도, 동료로서 우리는 이렇게 서로 격려하고 이끌고 지지하면서 어기여차 나가야 한다고 나는 믿는 것이다.

1년 후를 기약하다

12월이 후반기를 향해 갈수록 어쩐지 등이 허전한 것은 이놈의 문집 탓이다.

만들면 만드는 대로 힘들고, 안 만들면 안 만드는 대로 섭섭하고 손 둘 곳을 모르겠다. 이것도 중독증이다. 특히 학년말 시험을 치르고 우왕좌왕하는 녀석들을 볼 때마다 가슴을 친다. 계획을 세워서 진행했더라면 이 시간을 얼마나 알토란같이 활용했겠는가. 자기소개를 하고, 친구 얼굴을 그리고, 설문조사를 하고, 비밀 털어놓기를 하고, 선생님들 인터뷰를 다니고……. 사실 쪽지통신을 부지런히 냈다고는 하지만, 어찌 학급 문집에 비기겠는가.

그러나 문집이 없다고 1년 마무리를 그냥 건너갈 수는 없다. 방학을 한 주 앞두고 고운 색지에 프린트한 〈내가 나에게〉를 나누어 준다(12월 자료 2). 일종의 1년 자기평가지이다. 뭘 이런 걸 하느냐고 틱틱거리는 녀석들을 다독여 자리에 앉히고 짐짓 목소리를 낮춘다.

― 애들아, 내일이 크리스마스, 이제 한 학년을 마무리할 때가 되었다. 누구는 올해 들어 키가 한 뼘쯤 컸고, 누구는 성적이 급상승했고, 누구는 남친을 몇 번이나 갈아치웠고, 누구는 곁바람이 들어 똥폼만 잡고 다니고, 누구는 친구 때문에 몇 번을 울기도 했다지만, 그래도 우리 처음 만날 때는 다들 경건하지 않았느냐. 거기부터 하나씩 짚어 보자. 처음 새 학년에 올라왔을 때 결심과 목표는 무엇이었는지, 나름 노력은 했는지, 무슨 변화가 있었는지, 눈을 감고 천천히 1년을 되돌아보자. 이 설문은 샘이 다시 걷어서 보관할 것이다. 왜? 1년 뒤 졸업식 전날 쯤 해서 내가 너희들을 일일이 찾아다니며 무사하게 살아있는가를 확인하면서 다시 건네 줄 거니까. 설문지 마지막 항목에 '1년 뒤 나에 쓰는 편지' 란이 있지? 1년 뒤에 이 편지를 읽는 거다. 그때 심정은 어떨까? 부끄럽거나 후회스럽거나 뿌듯하거나 어쨌든 복잡하겠지. 삶은 그런 거란다. 그렇게 한 단계씩 과정을 밟아 성장하고, 또 그렇게 다음 해로 나가는 거란다. 진지하게 써 보자.

그렇게 설문지를 거두고, 방학 학급여행 건으로 계획서를 짠다, 차를 빌린다, 결재를 얻는다 해서 뛰어다니다 보니 덜컥, 방학이 닥쳐 왔다. 아이들은 환호하며 교실 문을 박차고 나갔지만, 나는 어쩐지 한 학년의 끝에 서 있다는 것이 실감나지 않는다. 아이들을 너무 오랫동안 가슴에 담아두었는가. 아니다. 미처 챙겨 주지 못한 아쉬움이 커서일 것이다. 당장 설문지만 해도 1년 후를 기약하지 않았는가. 선생이란 이토록 아이들을 떠나기가 어렵다.

방학 다음 날 떠난 1박 2일 무의도 학급여행은 나름 즐거웠다. 떠나면서 결재에 올린 일정계획 같은 것은 접어 두었다. 오늘만큼은 너희들끼리 마음껏 즐기라. 교훈과 격식을 갖추지 않으면 어떠랴. 저희들끼리 밥인지 죽인지 모를 음식을 해 먹기도 하며, 겨울 바닷가를 거닐기도 하며, 모닥불을 피우기도 하며 격려와 응원, 화해와 용서를 나눌 수 있으면 족하지 않겠는가. 나야 혼자서 24시간 순시에, 새벽참으로 33명 라면을 끓여대느라 마신 술이 취할 새도 없었지만, 우리는 "10점 만점에 9점"을 외치며 여행을 마무리 지었다. 돌아오는 차 안에서 원칙주의자 언이란 놈이 까칠하게 시비를 걸긴 했지만.

—샘, 일정표 계획대로 된 게 하나도 없네요.

—임마, 그게 이번 여행의 컨셉이야. 자유! 후리덤!

2008. 12. 15. (월)　|　203 허브통신　|　24호

요즘 시험이 끝났다고 인생이 끝난 것처럼 막 나가고 있지요? 옆의 사진은 5월 수련회 때 찍은 사진입니다. 그땐 모두 눈부시고 이뻤지요. 그때 마음에 품었던 꿈과 희망이 무엇이 었는지 기억하나요? 처음 출발 때를 떠올리며 차분하게 마무리를 준비합니다. 책을 마음껏 읽을 수 있는 절호의 기회입니다.

생활기록부를 정리하다 보니

① 봉사활동 시간이 모자라는 친구가 뜻밖에 많습니다. (근이, 현우, 주이, 강이, 형이, 선이, 철이, 군이) 이대로 진급하는 경우, 3학년 때 전문계고를 지원하는 과정에서 치명적인 감점을 당합니다. 겨울방학을 이용하여 마무리해야 합니다. (장소는 봉사활동 담당 완이에게 문의.) 기왕 하는 거 독거노인 도시락 배달 같은 의미 있는 봉사활동을 해 보세요. 봉사는 세상 보는 눈을 바꿔 놓습니다.

② 올 들어 혹시 국가 공인 자격증 딴 친구가 있으면 자격증 가져오세요. 등록하겠습니다.

이번 주 상담 일정은

① 15일(오늘) 방과 후 — 봉사활동 시간 부족한 친구 8명

② 19일(금) 방과 후 — 희제, 혁인, 인이 (청소 끝나고 편하게 도서실에서 만납시다.)

→ 상담 일정을 미리 잡고 싶은 친구는 샘께 잽싸게 오세요. 상담할 때 샘이 음료수 정도는 쏘니까 혹시 뭐라도 먹으면서 하고 싶은 친구들은 각자 준비하여 오세요. 대환영입니다.

방학 중 독서상담 하고 싶은 친구들은

방학 때 책 읽고 싶은데 뭘 읽을지 모르는 친구들을 대상으로 독서상담 해 드립니다.(공짜!) 각자 독서 수준을 체크하고 그에 맞는 책을 10권쯤 권해 주는 맞춤형 독서상담입니다. 말만 잘 하면 책 한 권 정도는 공짜로 제공할 수도 있습니다. 샘 무지 착하지요?

기타

① 이번 주 봉사 도우미는 경이와 선이입니다. 라디에이터 뒤쪽을 신경 써서 정리합시다. 지난 주의 윤이와 수진은 얼렁뚱땅 넘어갔어요. 샘이 생활기록부 종합란에 "미모는 뛰어나나 마음에 주먹만 한 때가 끼어 일 하는데 꾀를 부리며, 그런 게으름을 아양과 눈웃음으로 넘어가려는 경향이 있으니 나중에 배우자 되실 분은 참고 바람." 이렇게 쓸지도 모릅니다. 우왕!

② 이번 주 행사로 수요일 날 6교시에 성교육(와, 성교육이래!)을 하고, 학교 알뜰시장이 열립니다.

자르세요

✂ -

작성자 이름: (   )

우리들의 기쁜 날을 위한! 학급 여행(무의도 1박 2일) 계획을 짜고 있습니다. 여행 가서 하고 싶은 놀이, 행사가 있으면 마음껏 써 주세요(구체적으로).

<table>
<tr><td>내가 나에게</td><td>1년을 마무리하는 시기입니다. 나의 시작과 과정, 현재를 차분하게 돌아볼 때가 되었습니다. 이 설문은 자신과 대화를 나누면서 쓰는 자기 평가지입니다. 솔직하게 쓰면서 스스로를 돌아봅시다.</td></tr>
</table>

1. 새 학년에 올라오면서 나의 가장 큰 목표는 무엇이었지?

2. 그 목표를 이루기 위해 어떻게 생활했는지 그 만족도를 표시해 볼까? (%로 표시)

2-2. 어, 만족도가 50%미만이야? 이런! 왜 이렇게 만족도가 낮을까?

3. 친구들과의 생활을 돌아보자. 1년 동안 우리 반에서 속마음을 터놓고 이야기를 나눈 친구들을 떠올려 보자. 누굴까? 그리고 그 친구가 왜 좋은지 이유도 구체적으로 써 보자.

4. 관계가 여전히 안 좋거나 서먹한 친구도 있을 거야. 왜 사이가 안 좋은지, 혹시 내가 그 친구의 마음을 상하게 한 것은 아닌지 잘 생각해서 써 보자. 왜 사이가 안 좋을까?

5. 나의 성격 중 작년에 비해 특별히 좋아진 점이 있다면 무엇일까?

6. 아직도 마음에 들지 않는, 그래서 내년에는 꼭 고치고 싶은 것이 있다면 무엇일까?

7. 내년 이맘때는 졸업(고입)을 앞둔 중3이겠지. 졸업을 앞둔 1년 후의 나에게 편지를 써 보자.

二月 ●

다만 묵묵히

결국 교육은 안팎으로 사람의 문제 아니겠는가. 그런 점에서 가르침은 과학보다는 예술에 가깝다. 살아있는 관계와 가치를 만드는 예술——게으름을 부린다고 해서 별로 표 나지도 않으며, 그렇다고 평생을 바쳐 매진한다고 해서 완성에 이르는 것도 아니다. 그저 실패를 줄이려 최선을 다할 뿐이다.

걸어갈 뿐

겨울방학은 길다.

2월 개학날 보니 만나는 녀석마다 키가 한 뼘씩은 훌쩍 솟아 보인다.

현관에서 현이를 만나 인사를 나누는데 녀석이, 아, 저 선생님, 하며 누군가를 가리켰다. 수학과 권 선생님이다. 채 서른도 안 된 젊은 남교사.

— 아, 저 샘이 3학년 때 담임돼야 하는데……. 저 샘은 젊어서 그런지 우리랑 코드가 딱 맞아요. 수학인데도 시험 끝나고 나면 고생했다고 일본 애니 같은 것 기본 두 시간씩 보여 주고, 또 수업 시간에 누가 몰래 과자 먹다 들키면, 임마, 뭘 혼자 먹고 그러냐. 야, 과자 있는 사람들 다 꺼내, 이래서 과자 파티도 하고 그래요.

— 그럼 나는?

— 샘은 늙었잖아요. 그래도 자상한 할아버지 같긴 해요. 뭐든 다 들어주는.

2월은 뭘 하고 자시고 할 것도 없다. 2월 10일 개학, 13일 종업식— 아이들과 만날 시간이 딱 나흘뿐이다. 게다가 녀석들은 이미 마음이 떠나간 뒤여서 뭣에도 집중하지 못한다. 그래서 학급문집의 공백이 더 크게 느껴진다. 이때쯤 아이들 책상에 문집이 한 권씩 놓인다면 얼마나 좋으랴. 문집에 코를 박고 있는 아이들의 흰 목덜미는 얼마나 경건할 것이며, 그들의 추억은 나름 얼마나 찬란하겠는가. 더러는 박장대소를 하고, 더러는 고개를 주억거리고, 더러는 얼굴을 붉히며 지난날을 복기하기도 할 것이다. 그런 과정을 통해 지금 여기 서 있는 자신을 확인하며 동시에 앞날을 조심스럽게 다짐하는 일, 이것이 학급문집의 매력일 터이다. 그러나 어쩌랴. 아쉬운 대로 12월에 보류했던 '편지함 릴레이'를 재개하는 것으로 위안을 삼는다.

날려 보내기 위해 새를 키운다거늘

개학날 은이를 불러 학급원 수만큼 서류 봉투를 내밀었다.

— 네 이쁜 글씨로 각 봉투에 우리 반 애들 이름 좀 써 주라.

그런데 두어 시간이 지나도 놈이 나타나질 않는다. 도서실엘 가 봤더니 그때껏 제 친구들을 데리고 작업에 골몰하고 있다. 이름만 쓰면 되는데 뭘 그렇게 뜸을 들이누, 하면서 들여다보니 세상에, 각 봉투 이름마다 뭘 덧붙여 쓰고, 채색하고, 그런 난리가 없다. 봉투 자체가 한 장의 꽃 편지다. 역시 아이들 일은 아이들 손으로 해야 한다.

다음 날 뒷게시판에 죽 붙여 놓으니 게시판이 빈틈없이 빼곡하게 찬다.

게시판이 울긋불긋 꽃처럼 화사하다. 그 중엔 내 이름이 걸린 봉투도 끼어 있다.

애들아, 11월에 편지 릴레이 하다가 잠깐 접어 두었는데, 그거 처음부터 새로 하자. 저 뒤에 우리 반 44명 봉투를 붙여 놓았다. 지난번에 이야기했듯 이 기회에 친구들에게 맺힌 섭섭함이나 고마움 같은 것을 모두 정리하고 헤어지자. 편지지는 충분하게 마련했으니 염려 말고, 각자 스무 장 정도는 쓰자. 봉투에 들어갈 정도의 작은 선물을 추가해도 좋겠다. 언제 어떻게 다시 만날지 모르거늘 오늘 우리가 이렇게 모여서 한 반을 이루고 있다는 인연을 중시하자. 세월은 가도 사람은 남는다. 사람을 배려하고 존중하는 사회가 좋은 사회다.

나는 나대로 그동안 국어 시간에 썼던 녀석들의 이런저런 글을 각기 구분해서 봉투에 넣어 주고, 아이들 옆에 앉아 편지를 쓴다.
이제 녀석들은 곧 이 교실 문을 닫고 상급 학년의 새로운 세상에 진입하게 될 것이다. 어디를 가든 아이들이 행복하고 따스했으면 좋겠다. 선한 질서를 위해 상상하고 당당하게 싸웠으면 좋겠다. 그 생각을 하니 난데없이 눈물겹다.

교실에서 무슨 일이 일어날 때마다 각자 고민하고 갈등했던 것만큼 성숙했으리라 믿는다. 큰다는 것은 그만큼의 고민을 끌어안는 것이다. 그런 점

에서 우리는 서로가 서로의 멘토로 1년을 보낸 것이다. 그런 인연에 감사
하자. 하나 덧붙이자면, 샘은 너희가 좀 더 당당하고 정의로웠으면 좋겠
다. 꿈꾸어라 청춘아, 힘내라 청춘아— 〈허브통신〉의 구호가 외쳤듯 청춘
이 자유롭기 위해서는 세상이 건강해야 한다. 너희가 그런 세상을 만드는
데 당당하게 한몫을 했으면 좋겠다.

어쨌거나 샘은 우리들의 한 해가 참 소중했다. 배운 것도 많다. 너희들도
그러했으리라 믿어 본다.

사랑한다, 똥포들. 나중에라도 복도에서 만나면 서로 웃으며 한 번씩 안아
주자꾸나.

편지 끝에 '애프터 서비스는 한 달 동안이다. 3학년 올라가서 한 달 동안
은 샘한테 와서 엄살 부리고 어쩌고 하는 것을 다 들어주겠지만, 그 다음
부터는 각자 스스로의 힘으로 버텨라. 그게 진짜 공부다.' 라는 협박성 문
구도 덧붙인다. 진급한 후에, 반 애들이 이상해요, 선생님이 마음에 안
들어요, 하면서 내내 징징대는 놈들이 꼭 있다. 그런 경우를 대비해서라
도 짐짓 냉정하게 굴어야 한다. 묘목은 어찌 살아남는가. 새 땅에 옮겨
심었을 때 모종판에서 키운 연약한 실뿌리를 끊어내야 한다. 그리하여
제 힘으로 새 뿌리를 내린 뒤에야 비로소 한 그루 나무로 당당하게 자랄
수 있는 것이다.

드디어 종업식, 각자의 봉투를 일일이 손에 쥐어 주고, 등 두드려 보낸
다. 누구처럼 '가슴에 거름을 얹고 따뜻하게 썩어 가는 봄 흙'은 못 되어

도 '선이 물처럼 흐르는 세상을 위해 헌신하라' 는 응원 정도는 보내야 하지 않겠는가. 날려 보내기 위해서 새를 키운다거늘. 선생님 고생하셨다고, 한번 안아드리겠다고 어수선을 피던 정이를 마지막으로 교실이 텅 빈다. 빈 교실을 둘러보는 데 시원섭섭하다는 말이 가슴에 딱 와 닿는다.
—잘 가라. 그대들이여.

충고, 아이들이 건네 주는 마지막 선물

교무실에 와서 내 봉투를 꺼내 보니 제법 두툼하다. 담배 끊으세요, 대두(내 별명이다.) 짱, 공책에 쓰는 한줄일기가 좋았어요, 같은 의례적 인사가 대부분인 중에 "또 학급여행 가실 계획이면 프로그램을 좀 더 재미있게 짜세요."하는 충고성 멘트도 있다. 그런데 눈에 확 들어오는, 앞뒤로 빼곡하게 쓴 편지가 있다. 유라가 쓴 것이다. 녀석은 글도 잘 쓰고 감정 성숙도가 남다른 아이였는데, 친구 문제가 꼬이면서 10월 한 달 남짓을 외톨이로 지냈다.

그 45일 동안 정말 죽을 맛이었지만, 그래도 선생님과 현이가 신경 써 주고 해서 버틸 수 있었어요. 언젠가 지나가시다가 "견딜 만 한 거지?" 하셨을 때 힘을 많이 얻었어요. 괜히 생각해 주신다고 다른 애들 불러서 이래라저래라 하셨으면 제가 더 비참해졌을 거예요. 혼자 있으면서 많이 생각하고 많이 배웠어요. 고맙습니당. ^.^ 그런데 충고(웬 건방?) 하나 해도 될까요? 샘은 화를 못 내시는 것 같아요. 마음도 약하고. 우리 아빠가 그런 편

   이상대의 4050 학급살림 이야기

인데, 꾹꾹 참다가 한꺼번에 터트리거든요. 제가 보기에도 그건 서로 얻는 게 없어요. 아이들 잘못(대부분 규칙 위반)에 대해 좀 냉정해지셔야 해요. 조금씩 봐주면 나중에 샘만 더 피곤해지거든요.

이 녀석은 나를 분명하게 읽고 있다. 코딱지만 한 놈들에게 들키다니, 속이 뜨끔하지만 그래서 또 한수 아이들에게 배우게 된다. —화를 제대로 내라. 이렇게 쓴 놈도 있다.

샘은 이쁘다, 눈부시다, 그런 말씀을 너무 자주 하세요. 저도 처음엔 그 얘기 듣고 무지 좋았는데, 누구한테나 그러시는 걸 보고 실망했어요. 애들은 그런 말 들으면 착각해요. 특히 누구누구가 막 그러는 걸 보면서 제대로 짜증났어요.

왓핫하, 이래서 아이들이다. 어쨌거나 아이들의 충고는 때로 쓰디쓰지만, 새겨듣기에 따라 좋은 선물이 된다. 선생이라고 완전할 수는 없는 법, 둘러보면 모두가 교사의 교사인 것이다. 그래서 소통이 필요하다.

산벚나무 꽃은 피지 않았지만
2월은 아이들뿐 아니라 교사를 떠나 보내고 맞는 달이기도 하다.
다른 학교로 떠나는 선생님들을 만나 그간 고생하셨다고 인사도 나누고, 또 전입하는 교사 가운데 누가 분회원인가를(나는 분회장이다.) 헤아려 우리 학교에 오신 것을 환영합니다, 로 시작하는 편지를 쓴다. 결국 교육은 안팎으로 사람의 문제 아니겠는가. 그런 점에서 가르침은 과학보다는 예술에 가깝다. 살아있는 관계와 가치를 만드는 예술—게으름을 부린다고 해서 별로 표 나지도 않으며, 그렇다고 평생을 바쳐 매진한다고 해서 완성에 이르는 것도 아니다. 그저 실패를 줄이려 최선을 다할 뿐이다.

그런 중에 차기 학년도 학급원 명단이 전달된다.

다시 2학년을 맡게 되었다. 강 아무개로 시작되는 마흔여섯 명, 그 가운데는 특수학급 아이도 둘이나 끼어 있다. 미션은 다소 복잡할 전망이다. 또 어떤 구구절절한 사연과 맞닥뜨릴 것인가. 그러나 미리 속단하여 일희일비할 일은 아니다.

누가 되었든, 잘났든 못났든 '길이 보인다고 경박해지지 않고, 길이 보이기 시작한다고 요란'을 떨 수 없는 일, 또 1년을 그저 소처럼 묵묵히 뚜벅뚜벅 걸어가야 하는 것이다.

아직 산벚나무 꽃은 피지 않았지만

개울물 흘러내리는 소리 들으며

가지마다 살갗에 화색이 도는 게 보인다

나무는 희망에 대하여 과장하지 않았지만

절망을 만나서도 작아지지 않았다

묵묵히 그것들의 한복판을 지나왔을 뿐이다

산벚나무가 그러듯이

겨울에 대하여

또는 봄이 오는 소리에 대하여

호들갑떨지 않았다

길이 보인다고 경박해지지 않고

길이 보이기 시작한다고 요란하지 않았다

묵묵히 묵묵히 걸어갈 줄 알았다

절망을 하찮게 여기지 않았듯

희망도 무서워할 줄 알면서*

―도종환의 〈산벚나무〉**